TRANZLATY

La Langue est pour tout le Monde

भाषा सभी के लिए है

Le Manifeste Communiste

कम्युनिस्ट घोषणापत्र

Karl Marx
&
Friedrich Engels

Français / हिन्दी

Published by Tranzlaty
ISBN: 978-1-80572-365-3
Original text by Karl Marx and Friedrich Engels
The Communist Manifesto
First published in 1848
www.tranzlaty.com

Introduction
परिचय

Un spectre hante l'Europe : le spectre du communisme
एक भूत यूरोप को सता रहा है - साम्यवाद का भूत
Toutes les puissances de la vieille Europe ont conclu une sainte alliance pour exorciser ce spectre
पुराने यूरोप की सभी शक्तियों ने इस भूत को भगाने के लिए एक पवित्र गठबंधन में प्रवेश किया है
Le pape et le tsar, Metternich et Guizot, les radicaux français et les espions de la police allemande
पोप और ज़ार, मेट्टर्निच और गुइज़ोट, फ्रेंच रेडिकल और जर्मन पुलिस-जासूस
Où est le parti dans l'opposition qui n'a pas été décrié comme communiste par ses adversaires au pouvoir ?
विपक्ष में वह पार्टी कहां है जिसे सत्ता में उसके विरोधियों द्वारा कम्युनिस्ट के रूप में निंदा नहीं की गई है?
Où est l'opposition qui n'a pas rejeté le reproche de marque du communisme contre les partis d'opposition les plus avancés ?
वह विपक्ष कहां है जिसने अधिक उन्नत विपक्षी दलों के खिलाफ, साम्यवाद की ब्रांडिंग निंदा को वापस नहीं फेंका है?
Et où est le parti qui n'a pas porté l'accusation contre ses adversaires réactionnaires ?
और वह पार्टी कहां है जिसने अपने प्रतिक्रियावादी विरोधियों के खिलाफ आरोप नहीं लगाया है?
Deux choses résultent de ce fait
इस तथ्य से दो बातें सामने आती हैं
I. Le communisme est déjà reconnu par toutes les puissances européennes comme étant lui-même une puissance
I. साम्यवाद पहले से ही सभी यूरोपीय शक्तियों द्वारा स्वयं एक शक्ति होने के लिए स्वीकार किया गया है
II. Il est grand temps que les communistes publient ouvertement, à la face du monde entier, leurs vues, leurs buts et leurs tendances

II. अब समय आ गया है कि कम्युनिस्टों को पूरी दुनिया के सामने खुले तौर पर अपने विचारों, उद्देश्यों और प्रवृत्तियों को प्रकाशित करना चाहिए

ils doivent répondre à ce conte enfantin du spectre du communisme par un manifeste du parti lui-même

उन्हें साम्यवाद के भूत की इस नर्सरी कहानी को पार्टी के घोषणापत्र के साथ ही पूरा करना चाहिए

À cette fin, des communistes de diverses nationalités se sont réunis à Londres et ont esquissé le manifeste suivant

इसके लिए, विभिन्न राष्ट्रीयताओं के कम्युनिस्ट लंदन में इकट्ठे हुए हैं और निम्नलिखित घोषणापत्र को स्केच किया है

ce manifeste sera publié en anglais, français, allemand, italien, flamand et danois

यह घोषणापत्र अंग्रेजी, फ्रेंच, जर्मन, इतालवी, फ्लेमिश और डेनिश भाषाओं में प्रकाशित किया जाना है

Et maintenant, il doit être publié dans toutes les langues proposées par Tranzlaty

और अब इसे उन सभी भाषाओं में प्रकाशित किया जाना है जो ट्रांज़लाटी प्रदान करती हैं

Les bourgeois et les prolétaires
बुर्जुआ और सर्वहारा

L'histoire de toutes les sociétés qui ont existé jusqu'à présent est l'histoire des luttes de classes

सभी मौजूदा समाजों का इतिहास वर्ग संघर्षों का इतिहास है

Homme libre et esclave, patricien et plébéien, seigneur et serf, maître de guilde et compagnon

फ़्रीमैन और गुलाम, पेट्रीशियन और प्लेबीयन, लॉर्ड और सर्फ़, गिल्ड-मास्टर और ट्रैवलमैन

en un mot, oppresseur et opprimé

एक शब्द में, उत्पीड़क और उत्पीड़ित

Ces classes sociales étaient en opposition constante les unes avec les autres

ये सामाजिक वर्ग एक-दूसरे के लगातार विरोध में खड़े थे

Ils se sont battus sans interruption. Maintenant caché, maintenant ouvert

उन्होंने निर्बाध लड़ाई लड़ी। अब छिपा हुआ, अब खुला

un combat qui s'est terminé par une reconstitution révolutionnaire de la société dans son ensemble

एक लड़ाई जो या तो बड़े पैमाने पर समाज के क्रांतिकारी पुनर्गठन में समाप्त हुई

ou un combat qui s'est terminé par la ruine commune des classes en lutte

या एक लड़ाई जो प्रतियोगी वर्गों के आम बर्बादी में समाप्त हुई

Jetons un coup d'œil aux époques antérieures de l'histoire

आइए हम इतिहास के पहले के युगों को देखें

Nous trouvons presque partout un arrangement compliqué de la société en divers ordres

हम लगभग हर जगह समाज की एक जटिल व्यवस्था को विभिन्न आदेशों में पाते हैं

Il y a toujours eu une gradation multiple du rang social

सामाजिक स्तर का हमेशा कई गुना उन्नयन रहा है

Dans la Rome antique, nous avons des patriciens, des chevaliers, des plébéiens, des esclaves

प्राचीन रोम में हमारे पास देशभक्त, शूरवीर, प्लेबीयन, दास हैं

au Moyen Âge : seigneurs féodaux, vassaux, maîtres de corporation, compagnons, apprentis, serfs

मध्य युग में: सामंती प्रभु, जागीरदार, गिल्ड-मास्टर्स, जर्नीमैन, प्रशिक्षु, सर्फ़

Dans presque toutes ces classes, encore une fois, les gradations subordonnées

इनमें से लगभग सभी वर्गों में, फिर से, अधीनस्थ उन्नयन

La société bourgeoise moderne est née des ruines de la société féodale

आधुनिक बुर्जुआ समाज सामंती समाज के खंडहरों से अंकुरित हुआ है

Mais ce nouvel ordre social n'a pas fait disparaître les antagonismes de classe

लेकिन इस नई सामाजिक व्यवस्था ने वर्ग विरोधों को दूर नहीं किया है

Elle n'a fait qu'établir de nouvelles classes et de nouvelles conditions d'oppression

इसने उत्पीड़न के नए वर्गों और नई स्थितियों को स्थापित किया है

Il a mis en place de nouvelles formes de lutte à la place des anciennes

इसने पुराने के स्थान पर संघर्ष के नए रूप स्थापित किए हैं

Cependant, l'époque dans laquelle nous nous trouvons possède un trait distinctif

हालाँकि, जिस युग में हम खुद को पाते हैं, उसमें एक विशिष्ट विशेषता होती है

l'époque de la bourgeoisie a simplifié les antagonismes de classe

पूंजीपति वर्ग के युग ने वर्ग विरोधों को सरल बना दिया है

La société dans son ensemble se divise de plus en plus en deux grands camps hostiles

एक पूरे के रूप में समाज अधिक से अधिक दो महान शत्रुतापूर्ण शिविरों में विभाजित हो रहा है

deux grandes classes sociales qui se font directement face : la bourgeoisie et le prolétariat

दो महान सामाजिक वर्ग सीधे एक-दूसरे का सामना कर रहे हैं: पूंजीपति वर्ग और सर्वहारा वर्ग

Des serfs du Moyen Âge sont sortis les bourgeois agréés des premières villes

मध्य युग के सर्फ़ों से शुरुआती शहरों के चार्टर्ड बर्गर उभरे

C'est à partir de ces bourgeois que se sont développés les premiers éléments de la bourgeoisie

इन बर्गेस से पूंजीपति वर्ग के पहले तत्व विकसित किए गए थे

La découverte de l'Amérique et le contournement du Cap

अमेरिका की खोज और केप की गोलाई

ces événements ont ouvert un nouveau terrain à la bourgeoisie montante

इन घटनाओं ने बढ़ते पूंजीपति वर्ग के लिए नई जमीन खोल दी

Les marchés des Indes orientales et de la Chine, la colonisation de l'Amérique, le commerce avec les colonies

पूर्वी-भारतीय और चीनी बाजार, अमेरिका का उपनिवेशीकरण, उपनिवेशों के साथ व्यापार

l'augmentation des moyens d'échange et des marchandises en général

विनिमय के साधनों और वस्तुओं में आम तौर पर वृद्धि

Ces événements donnèrent au commerce, à la navigation et à l'industrie une impulsion jamais connue jusque-là

इन घटनाओं ने वाणिज्य, नेविगेशन और उद्योग को एक ऐसा आवेग दिया जो पहले कभी ज्ञात नहीं था

Elle a donné un développement rapide à l'élément révolutionnaire dans la société féodale chancelante

इसने डगमगाते सामंती समाज में क्रांतिकारी तत्व को तेजी से विकास दिया

Les guildes fermées avaient monopolisé le système féodal de la production industrielle

बंद गिल्डों ने औद्योगिक उत्पादन की सामंती व्यवस्था पर एकाधिकार कर लिया था

Mais cela ne suffisait plus aux besoins croissants des nouveaux marchés

लेकिन यह अब नए बाजारों की बढ़ती जरूरतों के लिए पर्याप्त नहीं था

Le système manufacturier a pris la place du système féodal de l'industrie

विनिर्माण प्रणाली ने उद्योग की सामंती व्यवस्था का स्थान ले लिया

Les maîtres de guilde étaient poussés d'un côté par la classe moyenne manufacturière

गिल्ड-मास्टर्स को विनिर्माण मध्यम वर्ग द्वारा एक तरफ धकेल दिया गया था

La division du travail entre les différentes corporations a disparu

विभिन्न कॉर्पोरेट गिल्डों के बीच श्रम का विभाजन गायब हो गया

La division du travail s'infiltrait dans chaque atelier

श्रम विभाजन ने प्रत्येक एकल कार्यशाला में प्रवेश किया

Pendant ce temps, les marchés ne cessaient de croître et la demande ne cessait d'augmenter

इस बीच, बाजार लगातार बढ़ते रहे, और मांग लगातार बढ़ती रही

Même les usines ne suffisaient plus à répondre à la demande

यहां तक कि कारखाने भी अब मांगों को पूरा करने के लिए पर्याप्त नहीं थे

À partir de là, la vapeur et les machines ont révolutionné la production industrielle

इसके बाद, भाप और मशीनरी ने औद्योगिक उत्पादन में क्रांति ला दी

La place de fabrication a été prise par le géant de l'industrie moderne

निर्माण का स्थान विशाल, आधुनिक उद्योग द्वारा लिया गया था

La place de la classe moyenne industrielle a été prise par des millionnaires industriels

औद्योगिक मध्यम वर्ग का स्थान औद्योगिक करोड़पतियों ने ले लिया

la place de chefs d'armées industrielles entières ont été prises par la bourgeoisie moderne

पूरे औद्योगिक सेनाओं के नेताओं की जगह आधुनिक पूंजीपति वर्ग द्वारा ली गई थी

la découverte de l'Amérique a ouvert la voie à l'industrie moderne pour établir le marché mondial

अमेरिका की खोज ने आधुनिक उद्योग के लिए विश्व बाजार की स्थापना का मार्ग प्रशस्त किया

Ce marché donna un immense développement au commerce, à la navigation et aux communications par terre

इस बाजार ने भूमि द्वारा वाणिज्य, नेविगेशन और संचार को एक विशाल विकास दिया

Cette évolution a, en son temps, réagi à l'extension de l'industrie

इस विकास ने, अपने समय में, उद्योग के विस्तार पर प्रतिक्रिया व्यक्त की है

elle a réagi proportionnellement à l'expansion de l'industrie et à l'extension du commerce, de la navigation et des chemins de fer

इसने इस अनुपात में प्रतिक्रिया व्यक्त की कि उद्योग कैसे विस्तारित हुआ, और वाणिज्य, नेविगेशन और रेलवे का विस्तार कैसे हुआ

dans la même proportion que la bourgeoisie s'est développée, elle a augmenté son capital

उसी अनुपात में जो पूंजीपति वर्ग ने विकसित किया, उन्होंने अपनी पूंजी में वृद्धि की

et la bourgeoisie a relégué à l'arrière-plan toutes les classes héritées du Moyen Âge

और पूंजीपति वर्ग ने मध्य युग से सौंपे गए हर वर्ग को पृष्ठभूमि में धकेल दिया

c'est pourquoi la bourgeoisie moderne est elle-même le produit d'un long développement

इसलिए आधुनिक पूंजीपति वर्ग अपने आप में विकास के एक लंबे पाठ्यक्रम का उत्पाद है

On voit qu'il s'agit d'une série de révolutions dans les modes de production et d'échange

हम देखते हैं कि यह उत्पादन और विनिमय के साधनों में क्रांतियों की एक श्रृंखला है

Chaque étape du développement de la bourgeoisie s'accompagnait d'une avancée politique correspondante

प्रत्येक विकासात्मक पूंजीपति वर्ग कदम एक इसी राजनीतिक अग्रिम के साथ था

Une classe opprimée sous l'emprise de la noblesse féodale

सामंती कुलीनता के प्रभाव में एक उत्पीड़ित वर्ग

Une association armée et autonome dans la commune médiévale

मध्यकालीन कम्यून में एक सशस्त्र और स्वशासी संघ

ici, une république urbaine indépendante (comme en Italie et en Allemagne)

यहां, एक स्वतंत्र शहरी गणराज्य (जैसा कि इटली और जर्मनी में है)

là, un « tiers état » imposable de la monarchie (comme en France)

वहां, राजशाही की एक कर योग्य "तीसरी संपत्ति" (जैसा कि फ्रांस में है)

par la suite, dans la période de fabrication proprement dite

बाद में, निर्माण की अवधि में उचित

la bourgeoisie servait soit la monarchie semi-féodale, soit la monarchie absolue

पूंजीपति वर्ग ने या तो अर्ध-सामंती या पूर्ण राजशाही की सेवा की

ou bien la bourgeoisie faisait contrepoids à la noblesse

या पूंजीपति वर्ग ने बड़प्पन के खिलाफ एक प्रतिकार के रूप में काम किया

et, en fait, la bourgeoisie était une pierre angulaire des grandes monarchies en général

और, वास्तव में, पूंजीपति सामान्य रूप से महान राजतंत्रों की आधारशिला थी

mais l'industrie moderne et le marché mondial se sont établis depuis lors

लेकिन आधुनिक उद्योग और विश्व-बाजार ने तब से खुद को स्थापित किया

et la bourgeoisie s'est emparée de l'emprise politique exclusive

और पूंजीपति वर्ग ने अपने लिए अनन्य राजनीतिक बोलबाला जीत लिया है

elle a obtenu cette influence politique à travers l'État représentatif moderne

इसने आधुनिक प्रतिनिधि राज्य के माध्यम से इस राजनीतिक बोलबाला को हासिल किया

Les exécutifs de l'État moderne ne sont qu'un comité de gestion

आधुनिक राज्य के कार्यकारी केवल एक प्रबंधन समिति हैं

et ils gèrent les affaires communes de toute la bourgeoisie

और वे पूरे पूंजीपति वर्ग के सामान्य मामलों का प्रबंधन करते हैं

La bourgeoisie, historiquement, a joué un rôle des plus révolutionnaires

पूंजीपति वर्ग, ऐतिहासिक रूप से, एक सबसे क्रांतिकारी भूमिका निभाई है

Partout où elle a pris le dessus, elle a mis fin à toutes les relations féodales, patriarcales et idylliques

जहां भी इसे ऊपरी हाथ मिला, इसने सभी सामंती, पितृसत्तात्मक और सुखद संबंधों को समाप्त कर दिया

Elle a impitoyablement déchiré les liens féodaux hétéroclites qui liaient l'homme à ses « supérieurs naturels »

इसने उस प्रेरक सामंती संबंधों को दयनीय रूप से तोड़ दिया है जो मनुष्य को उसके "प्राकृतिक वरिष्ठों" से बांधे हुए थे

et il n'y a plus de lien entre l'homme et l'homme, si ce n'est l'intérêt personnel

और इसने मनुष्य और मनुष्य के बीच नग्न स्वार्थ के अलावा कोई संबंध नहीं छोड़ा है

Les relations de l'homme entre eux ne sont plus qu'un « paiement en espèces » impitoyable

एक दूसरे के साथ मनुष्य के संबंध कठोर "नकद भुगतान" से ज्यादा कुछ नहीं बन गए हैं

Elle a noyé les extases les plus célestes de la ferveur religieuse

इसने धार्मिक उत्साह के सबसे स्वर्गीय परमानंद को डुबो दिया है

elle a noyé l'enthousiasme chevaleresque et le sentimentalisme philistin

इसने शिष्ट उत्साह और परोपकारी भावुकता को डुबो दिया है

Il a noyé ces choses dans l'eau glacée du calcul égoïste

इसने इन चीजों को अहंकारी गणना के बर्फीले पानी में डुबो दिया है

Il a transformé la valeur personnelle en valeur échangeable

इसने व्यक्तिगत मूल्य को विनिमेय मूल्य में हल किया है

elle a remplacé les innombrables et inaliénables libertés garanties par la Charte

इसने असंख्य और अपरिहार्य चार्टर्ड स्वतंत्रताओं को बदल दिया है

et il a mis en place une liberté unique et inadmissible ; Libre-échange

और इसने एक एकल, अविवेकी स्वतंत्रता स्थापित की है; मुक्त व्यापार

En un mot, il l'a fait pour l'exploitation

एक शब्द में, इसने शोषण के लिए ऐसा किया है

Une exploitation voilée par des illusions religieuses et politiques

धार्मिक और राजनीतिक भ्रमों से ढका शोषण

l'exploitation voilée par une exploitation nue, éhontée, directe, brutale

नग्न, बेशर्म, सीधे, क्रूर शोषण से ढका शोषण

la bourgeoisie a enlevé l'auréole de toutes les occupations jusque-là honorées et vénérées

पूंजीपति वर्ग ने हर पहले सम्मानित और श्रद्धेय व्यवसाय से प्रभामंडल छीन लिया है

le médecin, l'avocat, le prêtre, le poète et l'homme de science

चिकित्सक, वकील, पुजारी, कवि और विज्ञान के आदमी

Il a converti ces travailleurs distingués en ses travailleurs salariés

इसने इन प्रतिष्ठित श्रमिकों को अपने वैतनिक दिहाड़ी मजदूरों में बदल दिया है

La bourgeoisie a déchiré le voile sentimental de la famille
पूंजीपति वर्ग ने परिवार से भावुक पर्दा फाड़ दिया है

et elle a réduit la relation familiale à une simple relation d'argent
और इसने पारिवारिक संबंध को केवल पैसे के रिश्ते तक सीमित कर दिया है

la brutale démonstration de vigueur au Moyen Âge que les réactionnaires admirent tant
मध्य युग में शक्ति का क्रूर प्रदर्शन जिसकी प्रतिक्रियावादी बहुत प्रशंसा करते हैं

Même cela a trouvé son complément approprié dans l'indolence la plus paresseuse
यहां तक कि इसने सबसे सुस्त अकर्मण्यता में अपना उपयुक्त पूरक पाया

La bourgeoisie a révélé comment tout cela s'est passé
पूंजीपति वर्ग ने खुलासा किया है कि यह सब कैसे हुआ

La bourgeoisie a été la première à montrer ce que l'activité de l'homme peut produire
पूंजीपति वर्ग ने सबसे पहले यह दिखाया है कि मनुष्य की गतिविधि क्या ला सकती है

Il a accompli des merveilles surpassant de loin les pyramides égyptiennes, les aqueducs romains et les cathédrales gothiques
इसने मिस्र के पिरामिड, रोमन एक्वाडक्ट्स और गोथिक कैथेड्रल को पार करते हुए चमत्कार किए हैं

et il a mené des expéditions qui ont mis dans l'ombre tous les anciens Exodes des nations et les croisades
और इसने ऐसे अभियान चलाए हैं जो राष्ट्रों और धर्मयुद्धों के सभी पूर्व पलायन को छाया में डाल देते हैं

La bourgeoisie ne peut exister sans révolutionner sans cesse les instruments de production
उत्पादन के साधनों में लगातार क्रांति किए बिना पूंजीपति वर्ग का अस्तित्व नहीं हो सकता

et par conséquent elle ne peut exister sans ses rapports à la production

और इस प्रकार यह उत्पादन के साथ अपने संबंधों के बिना अस्तित्व में नहीं रह सकता है

et donc elle ne peut exister sans ses relations avec la société

और इसलिए यह समाज के साथ अपने संबंधों के बिना मौजूद नहीं हो सकता

Toutes les classes industrielles antérieures avaient une condition en commun

पहले के सभी औद्योगिक वर्गों में एक शर्त समान थी

Ils s'appuyaient sur la conservation des anciens modes de production

वे उत्पादन के पुराने तरीकों के संरक्षण पर निर्भर थे

mais la bourgeoisie a apporté avec elle une dynamique tout à fait nouvelle

लेकिन पूंजीपति अपने साथ एक पूरी तरह से नया गतिशील लेकर आए

Révolution constante de la production et perturbation ininterrompue de toutes les conditions sociales

उत्पादन में निरंतर क्रांति और सभी सामाजिक स्थितियों की निर्बाध गड़बड़ी

cette incertitude et cette agitation perpétuelles distinguent l'époque bourgeoise de toutes les époques antérieures

यह चिरस्थायी अनिश्चितता और आंदोलन बुर्जुआ युग को पहले के सभी लोगों से अलग करता है

Les relations antérieures avec la production s'accompagnaient de préjugés et d'opinions anciens et vénérables

उत्पादन के साथ पिछले संबंध प्राचीन और आदरणीय पूर्वग्रहों और विचारों के साथ आए थे

Mais toutes ces relations figées et figées sont balayées d'un revers de main

लेकिन ये सभी निश्चित, तेजी से जमे हुए संबंध बह गए हैं

Toutes les relations nouvellement formées deviennent archaïques avant de pouvoir s'ossifier

सभी नए-नए संबंध अस्थिभंग होने से पहले ही पुरातन हो जाते हैं

Tout ce qui est solide se fond dans l'air, et tout ce qui est saint est profané

जो कुछ ठोस है वह हवा में पिघल जाता है, और जो कुछ पवित्र है वह अपवित्र हो जाता है

L'homme est enfin forcé de faire face, avec des sens sobres, à ses conditions réelles de vie

मनुष्य अंततः शांत इंद्रियों के साथ, अपने जीवन की वास्तविक स्थितियों का सामना करने के लिए मजबूर हो जाता है

et il est obligé de faire face à ses relations avec les siens

और वह अपने जैसे संबंधों का सामना करने के लिए मजबूर है

La bourgeoisie a constamment besoin d'élargir ses marchés pour ses produits

पूंजीपति वर्ग को लगातार अपने उत्पादों के लिए अपने बाजारों का विस्तार करने की आवश्यकता है

et, à cause de cela, la bourgeoisie est poursuivie sur toute la surface du globe

और, इस वजह से, पूंजीपति वर्ग को दुनिया की पूरी सतह पर पीछा किया जाता है

La bourgeoisie doit se nicher partout, s'installer partout, établir des liens partout

पूंजीपति वर्ग को हर जगह घोंसला बनाना चाहिए, हर जगह बसना चाहिए, हर जगह कनेक्शन स्थापित करना चाहिए

La bourgeoisie doit créer des marchés dans tous les coins du monde pour exploiter

पूंजीपति वर्ग को शोषण के लिए दुनिया के हर कोने में बाजार बनाना होगा

La production et la consommation dans tous les pays ont reçu un caractère cosmopolite

हर देश में उत्पादन और खपत को एक महानगरीय चरित्र दिया गया है

le chagrin des réactionnaires est palpable, mais il s'est poursuivi malgré tout

प्रतिक्रियावादियों की नाराजगी स्पष्ट है, लेकिन यह परवाह किए बिना जारी रखा गया है

La bourgeoisie a tiré de dessous les pieds de l'industrie le terrain national sur lequel elle se trouvait

पूंजीपति वर्ग ने उद्योग के पैरों के नीचे से उस राष्ट्रीय जमीन को खींचा है जिस पर वह खड़ा था

Toutes les anciennes industries nationales ont été détruites, ou sont détruites chaque jour

सभी पुराने स्थापित राष्ट्रीय उद्योग नष्ट हो गए हैं, या प्रतिदिन नष्ट हो रहे हैं

Toutes les anciennes industries nationales sont délogées par de nouvelles industries

सभी पुराने स्थापित राष्ट्रीय उद्योग नए उद्योगों द्वारा उखाड़ फेंके जाते हैं

Leur introduction devient une question de vie ou de mort
pour toutes les nations civilisées
उनका परिचय सभी सभ्य राष्ट्रों के लिए जीवन और मृत्यु का प्रश्न बन जाता है
Ils sont délogés par les industries qui ne travaillent plus la
matière première indigène
वे उन उद्योगों द्वारा उखाड़ फेंके जाते हैं जो अब स्वदेशी कच्चे माल का काम
नहीं करते हैं
Au lieu de cela, ces industries extraient des matières
premières des zones les plus reculées
इसके बजाय, ये उद्योग दूरस्थ क्षेत्रों से कच्चा माल खींचते हैं
dont les produits sont consommés, non seulement chez
nous, mais dans tous les coins du monde
ऐसे उद्योग जिनके उत्पादों का उपभोग न केवल घर पर, बल्कि दुनिया के
हर तिमाही में किया जाता है
À la place des anciens besoins, satisfaits par les productions
du pays, nous trouvons de nouveaux besoins
पुरानी जरूरतों के स्थान पर, देश की प्रस्तुतियों से संतुष्ट होकर, हम नई
इच्छाएं पाते हैं
Ces nouveaux besoins exigent pour leur satisfaction les
produits des pays et des climats lointains
इन नई इच्छाओं को उनकी संतुष्टि के लिए दूर की भूमि और जलवायु के
उत्पादों की आवश्यकता होती है
À la place de l'ancien isolement et de l'autosuffisance locaux
et nationaux, nous avons le commerce
पुराने स्थानीय और राष्ट्रीय एकांत और आत्मनिर्भरता के स्थान पर, हमारे
पास व्यापार है
les échanges internationaux dans toutes les directions ;
l'interdépendance universelle des nations
हर दिशा में अंतर्राष्ट्रीय विनिमय; राष्ट्रों की सार्वभौमिक अंतर-निर्भरता
Et de même que nous sommes dépendants des matériaux,
nous sommes dépendants de la production intellectuelle
और जिस तरह हम सामग्री पर निर्भर हैं, उसी तरह हम बौद्धिक उत्पादन पर
निर्भर हैं
Les créations intellectuelles des nations individuelles
deviennent la propriété commune
अलग-अलग राष्ट्रों की बौद्धिक रचनाएँ आम संपत्ति बन जाती हैं

L'unilatéralité nationale et l'étroitesse d'esprit deviennent de plus en plus impossibles

राष्ट्रीय एकपक्षीयता और संकीर्णता अधिक से अधिक असंभव हो जाती है

et des nombreuses littératures nationales et locales, surgit une littérature mondiale

और कई राष्ट्रीय और स्थानीय साहित्य से, एक विश्व साहित्य उत्पन्न होता है

par l'amélioration rapide de tous les instruments de production

उत्पादन के सभी साधनों के तेजी से सुधार से

par les moyens de communication immensément facilités

संचार के अत्यधिक सुगम साधनों द्वारा

La bourgeoisie entraîne tout le monde (même les nations les plus barbares) dans la civilisation

पूंजीपति वर्ग सभी (यहां तक कि सबसे बर्बर राष्ट्रों) को सभ्यता में खींचता है

Les prix bon marché de ses marchandises ; l'artillerie lourde qui abat toutes les murailles chinoises

इसकी वस्तुओं की सस्ती कीमतें; भारी तोपखाने जो सभी चीनी दीवारों को ध्वस्त कर देते हैं

La haine obstinée des barbares contre les étrangers est forcée de capituler

विदेशियों के प्रति बर्बर लोगों की तीव्र घृणा को आत्मसमर्पण करने के लिए मजबूर किया जाता है

Elle oblige toutes les nations, sous peine d'extinction, à adopter le mode de production bourgeois

यह सभी राष्ट्रों को, विलुप्त होने के दर्द पर, उत्पादन के बुर्जुआ मोड को अपनाने के लिए मजबूर करता है

elle les oblige à introduire ce qu'elle appelle la civilisation en leur sein

यह उन्हें अपने बीच में सभ्यता को पेश करने के लिए मजबूर करता है

La bourgeoisie force les barbares à devenir eux-mêmes bourgeois

पूंजीपति वर्ग बर्बर लोगों को खुद बुर्जुआ बनने के लिए मजबूर करता है

en un mot, la bourgeoisie crée un monde à son image

एक शब्द में, पूंजीपति वर्ग अपनी छवि के बाद एक दुनिया बनाता है

La bourgeoisie a soumis les campagnes à la domination des villes

पूंजीपति वर्ग ने ग्रामीण इलाकों को कस्बों के शासन के अधीन कर दिया है

Il a créé d'énormes villes et considérablement augmenté la population urbaine

इसने विशाल शहरों का निर्माण किया है और शहरी आबादी में काफी वृद्धि की है

Il a sauvé une partie considérable de la population de l'idiotie de la vie rurale

इसने आबादी के एक बड़े हिस्से को ग्रामीण जीवन की मूर्खता से बचाया

mais elle a rendu les ruraux dépendants des villes

लेकिन इसने ग्रामीण इलाकों में उन लोगों को कस्बों पर निर्भर बना दिया है

et de même, elle a rendu les pays barbares dépendants des pays civilisés

और इसी तरह, इसने बर्बर देशों को सभ्य देशों पर निर्भर बना दिया है

nations paysannes sur nations bourgeoises, l'Orient sur Occident

पूंजीपति वर्ग के राष्ट्रों पर किसानों के राष्ट्र, पश्चिम पर पूर्व

La bourgeoisie se débarrasse de plus en plus de l'éparpillement de la population

पूंजीपति वर्ग आबादी की बिखरी हुई स्थिति को अधिक से अधिक दूर करता है

Il a une production agglomérée et a concentré la propriété entre quelques mains

इसने उत्पादन को बढ़ा दिया है, और कुछ हाथों में संपत्ति केंद्रित की है

La conséquence nécessaire de cela a été la centralisation politique

इसका आवश्यक परिणाम राजनीतिक केंद्रीकरण था

Il y avait eu des nations indépendantes et des provinces vaguement reliées entre elles

स्वतंत्र राष्ट्र और शिथिल रूप से जुड़े हुए प्रांत थे

Ils avaient des intérêts, des lois, des gouvernements et des systèmes d'imposition distincts

उनके अलग-अलग हित, कानून, सरकारें और कराधान की प्रणालियां थीं

Mais ils ont été regroupés en une seule nation, avec un seul gouvernement

लेकिन वे एक राष्ट्र में, एक सरकार के साथ एक साथ मिल गए हैं

Ils ont maintenant un intérêt de classe national, une frontière et un tarif douanier

अब उनके पास एक राष्ट्रीय वर्ग-हित, एक सीमा और एक सीमा शुल्क-टैरिफ है

Et cet intérêt de classe national est unifié sous un seul code de loi

और यह राष्ट्रीय वर्ग-हित एक कानून संहिता के तहत एकीकृत है

la bourgeoisie a accompli beaucoup de choses au cours de son règne d'à peine cent ans

पूंजीपति वर्ग ने अपने दुर्लभ एक सौ वर्षों के शासन के दौरान बहुत कुछ हासिल किया है

forces productives plus massives et plus colossales que toutes les générations précédentes réunies

सभी पूर्ववर्ती पीढ़ियों की तुलना में अधिक विशाल और विशाल उत्पादक शक्तियां एक साथ हैं

Les forces de la nature sont soumises à la volonté de l'homme et de ses machines

प्रकृति की शक्तियां मनुष्य और उसकी मशीनरी की इच्छा के अधीन हैं

La chimie s'applique à toutes les formes d'industrie et à tous les types d'agriculture

रसायन विज्ञान उद्योग के सभी रूपों और कृषि के प्रकारों पर लागू होता है

la navigation à vapeur, les chemins de fer, les télégraphes électriques et l'imprimerie

स्टीम-नेविगेशन, रेलवे, इलेक्ट्रिक टेलीग्राफ और प्रिंटिंग प्रेस

défrichement de continents entiers pour la culture, canalisation des rivières

खेती के लिए पूरे महाद्वीपों की सफाई, नदियों का नहरीकरण

Des populations entières ont été extirpées du sol et mises au travail

पूरी आबादी को जमीन से बाहर निकाल दिया गया है और काम पर लगा दिया गया है

Quel siècle précédent avait ne serait-ce qu'un pressentiment de ce qui pourrait être déchaîné ?

इससे पहले की सदी में क्या पूर्वाभास भी था कि क्या फैलाया जा सकता है?

Qui aurait prédit que de telles forces productives sommeillaient dans le giron du travail social ?

किसने भविष्यवाणी की थी कि ऐसी उत्पादक शक्तियाँ सामाजिक श्रम की गोद में सो रही हैं?

Nous voyons donc que les moyens de production et
d'échange ont été générés dans la société féodale
तब हम देखते हैं कि सामंती समाज में उत्पादन और विनिमय के साधन
उत्पन्न होते थे
les moyens de production sur la base desquels la
bourgeoisie s'est construite
उत्पादन के साधन जिनकी नींव पर पूंजीपति वर्ग ने खुद को बनाया
À un certain stade du développement de ces moyens de
production et d'échange
उत्पादन और विनिमय के इन साधनों के विकास में एक निश्चित स्तर पर
les conditions dans lesquelles la société féodale produisait et
échangeait
वे परिस्थितियाँ जिनके अधीन सामंती समाज का उत्पादन और आदान-प्रदान
होता था
L'organisation féodale de l'agriculture et de l'industrie
manufacturière
कृषि और विनिर्माण उद्योग का सामंती संगठन
Les rapports féodaux de propriété n'étaient plus compatibles
avec les conditions matérielles
संपत्ति के सामंती संबंध अब भौतिक परिस्थितियों के अनुकूल नहीं थे
Ils devaient être brisés, alors ils ont été brisés
उन्हें अलग करना था, इसलिए वे फट गए
À leur place s'est ajoutée la libre concurrence des forces
productives
उनके स्थान पर उत्पादक शक्तियों से मुक्त प्रतिस्पर्धा ने कदम रखा
et ils étaient accompagnés d'une constitution sociale et
politique adaptée à celle-ci
और वे इसके अनुकूल एक सामाजिक और राजनीतिक संविधान के साथ थे
et elle s'accompagnait de l'emprise économique et politique
de la classe bourgeoise
और यह पूंजीपति वर्ग के आर्थिक और राजनीतिक बोलबाला के साथ था
Un mouvement similaire est en train de se produire sous nos
yeux
इसी तरह का आंदोलन हमारी अपनी आंखों के सामने चल रहा है
La société bourgeoise moderne avec ses rapports de
production, d'échange et de propriété

आधुनिक बुर्जुआ समाज उत्पादन, विनिमय और संपत्ति के अपने संबंधों के साथ

une société qui a inventé des moyens de production et d'échange aussi gigantesques

एक ऐसा समाज जिसने उत्पादन और विनिमय के ऐसे विशाल साधनों को समेट लिया है

C'est comme le sorcier qui a invoqué les puissances de l'au-delà

यह उस जादूगर की तरह है जिसने पाताल लोक की शक्तियों को बुलाया

Mais il n'est plus capable de contrôler ce qu'il a mis au monde

लेकिन वह अब दुनिया में जो कुछ भी लाया है उसे नियंत्रित करने में सक्षम नहीं है

Pendant de nombreuses décennies, l'histoire a été liée par un fil conducteur

कई दशकों से पिछला इतिहास एक सामान्य धागे से बंधा हुआ था

L'histoire de l'industrie et du commerce n'a été que l'histoire des révoltes

उद्योग और वाणिज्य का इतिहास केवल विद्रोहों का इतिहास रहा है

Les révoltes des forces productives modernes contre les conditions modernes de production

उत्पादन की आधुनिक अवस्थाओं के विरुद्ध आधुनिक उत्पादक शक्तियों का विद्रोह

Les révoltes des forces productives modernes contre les rapports de propriété

संपत्ति संबंधों के खिलाफ आधुनिक उत्पादक शक्तियों का विद्रोह

ces rapports de propriété sont les conditions de l'existence de la bourgeoisie

ये संपत्ति संबंध पूंजीपति वर्ग के अस्तित्व की शर्तें हैं

et l'existence de la bourgeoisie détermine les règles des rapports de propriété

और पूंजीपति वर्ग का अस्तित्व संपत्ति संबंधों के नियमों को निर्धारित करता है

Il suffit de mentionner le retour périodique des crises commerciales

वाणिज्यिक संकटों की आवधिक वापसी का उल्लेख करना पर्याप्त है

chaque crise commerciale est plus menaçante pour la société bourgeoise que la précédente

प्रत्येक वाणिज्यिक संकट पिछले की तुलना में बुर्जुआ समाज के लिए अधिक खतरा है

Dans ces crises, une grande partie des produits existants sont détruits

इन संकटों में मौजूदा उत्पादों का एक बड़ा हिस्सा नष्ट हो जाता है

Mais ces crises détruisent aussi les forces productives créées précédemment

लेकिन ये संकट पहले से निर्मित उत्पादक शक्तियों को भी नष्ट कर देते हैं

Dans toutes les époques antérieures, ces épidémies auraient semblé une absurdité

पहले के सभी युगों में ये महामारियां एक बेतुकी लगती थीं

parce que ces épidémies sont les crises commerciales de la surproduction

क्योंकि ये महामारियां अति-उत्पादन के वाणिज्यिक संकट हैं

La société se trouve soudain remise dans un état de barbarie momentanée

समाज अचानक खुद को क्षणिक बर्बरता की स्थिति में वापस पाता है

comme si une guerre universelle de dévastation avait coupé tous les moyens de subsistance

मानो तबाही के एक सार्वभौमिक युद्ध ने निर्वाह के हर साधन को काट दिया हो

l'industrie et le commerce semblent avoir été détruits ; Et pourquoi ?

उद्योग और वाणिज्य नष्ट हो गए हैं; और क्यों?

Parce qu'il y a trop de civilisation et de moyens de subsistance

क्योंकि बहुत अधिक सभ्यता और निर्वाह के साधन हैं

et parce qu'il y a trop d'industrie et trop de commerce

और क्योंकि बहुत अधिक उद्योग है, और बहुत अधिक वाणिज्य है

Les forces productives à la disposition de la société ne développent plus la propriété bourgeoise

समाज के निपटान में उत्पादक शक्तियां अब पूंजीपति संपत्ति का विकास नहीं करती हैं

au contraire, ils sont devenus trop puissants pour ces conditions, par lesquelles ils sont enchaînés

इसके विपरीत, वे इन स्थितियों के लिए बहुत शक्तिशाली हो गए हैं, जिसके द्वारा वे बंधे हुए हैं

dès qu'ils surmontent ces entraves, ils mettent le désordre dans toute la société bourgeoise

जैसे ही वे इन बेड़ियों पर काबू पा लेते हैं, वे पूरे बुर्जुआ समाज में अव्यवस्था ला देते हैं

et les forces productives mettent en danger l'existence de la propriété bourgeoise

और उत्पादक शक्तियाँ बुर्जुआ संपत्ति के अस्तित्व को खतरे में डालती हैं

Les conditions de la société bourgeoise sont trop étroites pour englober les richesses qu'elles créent

बुर्जुआ समाज की स्थितियां इतनी संकीर्ण हैं कि उनके द्वारा बनाई गई संपत्ति को शामिल नहीं किया जा सकता है

Et comment la bourgeoisie surmonte-t-elle ces crises ?

और पूंजीपति वर्ग इन संकटों से कैसे उबरता है?

D'une part, elle surmonte ces crises par la destruction forcée d'une masse de forces productives

एक ओर, यह उत्पादक शक्तियों के एक बड़े पैमाने पर लागू विनाश द्वारा इन संकटों पर काबू पाता है

D'autre part, elle surmonte ces crises par la conquête de nouveaux marchés

दूसरी ओर, यह नए बाजारों की विजय द्वारा इन संकटों पर काबू पाता है

et elle surmonte ces crises par l'exploitation plus poussée des anciennes forces productives

और यह उत्पादन की पुरानी शक्तियों के अधिक गहन शोषण द्वारा इन संकटों पर काबू पाता है

C'est-à-dire en ouvrant la voie à des crises plus étendues et plus destructrices

यह कहना है, अधिक व्यापक और अधिक विनाशकारी संकटों का मार्ग प्रशस्त करके

elle surmonte la crise en diminuant les moyens de prévention des crises

यह उन साधनों को कम करके संकट पर काबू पाता है जिनसे संकटों को रोका जाता है

Les armes avec lesquelles la bourgeoisie a abattu le féodalisme sont maintenant retournées contre elle-même

जिन हथियारों से पूंजीपति वर्ग ने सामंतवाद को जमीन पर गिरा दिया, वे अब अपने खिलाफ हो गए हैं

Mais non seulement la bourgeoisie a-t-elle forgé les armes qui lui apportent la mort

लेकिन न केवल पूंजीपति वर्ग ने उन हथियारों को जाली बनाया है जो खुद को मौत लाते हैं

Il a également appelé à l'existence les hommes qui doivent manier ces armes

इसने उन लोगों को भी अस्तित्व में बुलाया है जिन्हें उन हथियारों को चलाना है

Et ces hommes sont la classe ouvrière moderne ; Ce sont les prolétaires

और ये लोग आधुनिक श्रमिक वर्ग हैं; वे सर्वहारा हैं

À mesure que la bourgeoisie se développe, le prolétariat se développe dans la même proportion

जिस अनुपात में पूंजीपति वर्ग विकसित होता है, उसी अनुपात में सर्वहारा वर्ग का विकास होता है

La classe ouvrière moderne a développé une classe d'ouvriers

आधुनिक मजदूर वर्ग ने मजदूरों का एक वर्ग विकसित किया

Cette classe d'ouvriers ne vit que tant qu'elle trouve du travail

मजदूरों का यह वर्ग तभी तक जीवित रहता है जब तक उसे काम मिलता है

et ils ne trouvent de travail qu'aussi longtemps que leur travail augmente le capital

और उन्हें तभी तक काम मिलता है जब तक उनके श्रम से पूंजी बढ़ती है

Ces ouvriers, qui doivent se vendre à la pièce, sont une marchandise

ये मजदूर, जिन्हें खुद को टुकड़ों में बेचना पड़ता है, एक वस्तु हैं

Ces ouvriers sont comme tous les autres articles de commerce

ये मजदूर वाणिज्य के हर दूसरे लेख की तरह हैं

et, par conséquent, ils sont exposés à toutes les vicissitudes de la concurrence

और परिणामस्वरूप वे प्रतिस्पर्धा के सभी उतार-चढ़ावों के संपर्क में आ जाते हैं

Ils doivent faire face à toutes les fluctuations du marché

उन्हें बाजार के सभी उतार-चढ़ाव का सामना करना पड़ता है

En raison de l'utilisation intensive des machines et de la
division du travail

मशीनरी के व्यापक उपयोग और श्रम विभाजन के कारण

Le travail des prolétaires a perdu tout caractère individuel

सर्वहारा वर्ग के काम ने सभी व्यक्तिगत चरित्र खो दिए हैं

et, par conséquent, le travail des prolétaires a perdu tout
charme pour l'ouvrier

और परिणामस्वरूप, सर्वहारा वर्ग के काम ने काम करने वाले के लिए सभी
आकर्षण खो दिए हैं

Il devient un appendice de la machine, plutôt que l'homme
qu'il était autrefois

वह मशीन का एक उपांग बन जाता है, बजाय उस आदमी के जो वह एक
बार था

On n'exige de lui que l'habileté la plus simple, la plus
monotone et la plus facile à acquérir

केवल सबसे सरल, नीरस और सबसे आसानी से अर्जित कौशल की
आवश्यकता होती है

Par conséquent, le coût de production d'un ouvrier est limité

इसलिए, एक कामगार के उत्पादन की लागत प्रतिबंधित है

elle se limite presque entièrement aux moyens de
subsistance dont il a besoin pour son entretien

यह लगभग पूरी तरह से निर्वाह के साधनों तक ही सीमित है जो उसे अपने
रखरखाव के लिए आवश्यक है

et elle est limitée aux moyens de subsistance dont il a besoin
pour la propagation de sa race

और यह निर्वाह के साधनों तक ही सीमित है जो उसे अपनी जाति के प्रचार
के लिए आवश्यक है

Mais le prix d'une marchandise, et par conséquent aussi du
travail, est égal à son coût de production

लेकिन एक वस्तु की कीमत, और इसलिए श्रम की भी, उत्पादन की लागत
के बराबर है

C'est pourquoi, à mesure que le travail répugnant augmente,
le salaire diminue

अतः जिस अनुपात में कार्य की प्रतिकर्षण बढ़ती है, मजदूरी घटती जाती है

Bien plus, le caractère répugnant de son travail augmente à un rythme encore plus grand

नहीं, उसके काम की प्रतिकर्षण और भी अधिक दर से बढ़ जाती है

À mesure que l'utilisation des machines et la division du travail augmentent, le fardeau du labeur augmente également

जैसे-जैसे मशीनरी का उपयोग और श्रम विभाजन बढ़ता है, वैसे-वैसे परिश्रम का बोझ भी बढ़ता जाता है

La charge de travail est augmentée par la prolongation du temps de travail

काम के घंटों को लम्बा करने से परिश्रम का बोझ बढ़ जाता है

On attend plus de l'ouvrier dans le même temps qu'auparavant

पहले की तरह ही समय में मजदूर से अधिक की उम्मीद है

Et bien sûr, le poids du labeur est augmenté par la vitesse de la machine

और निश्चित रूप से मशीनरी की गति से परिश्रम का बोझ बढ़ जाता है

L'industrie moderne a transformé le petit atelier du maître patriarcal en la grande usine du capitaliste industriel

आधुनिक उद्योग ने पितृसत्तात्मक मालिक की छोटी कार्यशाला को औद्योगिक पूंजीपति के महान कारखाने में बदल दिया है

Des masses d'ouvriers, entassés dans l'usine, s'organisent comme des soldats

कारखाने में मजदूरों की भीड़, सैनिकों की तरह संगठित होती है

En tant que simples soldats de l'armée industrielle, ils sont placés sous le commandement d'une hiérarchie parfaite d'officiers et de sergents

औद्योगिक सेना के निजी के रूप में उन्हें अधिकारियों और सार्जेंटों के एक पूर्ण पदानुक्रम की कमान के तहत रखा गया है

ils ne sont pas seulement les esclaves de la classe bourgeoise et de l'État

वे न केवल बुर्जुआ वर्ग और राज्य के गुलाम हैं

Mais ils sont aussi asservis quotidiennement et d'heure en heure par la machine

लेकिन वे मशीन द्वारा दैनिक और प्रति घंटा गुलाम भी हैं

ils sont asservis par le surveillant, et surtout par le fabricant bourgeois lui-même

वे ओवर-लुकर द्वारा गुलाम हैं, और सबसे बढ़कर, व्यक्तिगत पूंजीपति निर्माता द्वारा स्वयं।

Plus ce despotisme proclame ouvertement que le gain est sa fin et son but, plus il est mesquin, plus haïssable et plus aigri

जितना अधिक खुले तौर पर यह निरंकुशता लाभ को अपना अंत और उद्देश्य घोषित करती है, उतना ही क्षुद्र, अधिक घृणित और अधिक कटु होता है

Plus l'industrie moderne se développe, moins les différences entre les sexes sont grandes

जितना अधिक आधुनिक उद्योग विकसित होता है, लिंगों के बीच अंतर उतना ही कम होता है

Moins le travail manuel exige d'habileté et d'effort de force, plus le travail des hommes est supplanté par celui des femmes

शारीरिक श्रम में निहित कौशल और शक्ति का परिश्रम जितना कम होता है, उतना ही अधिक पुरुषों का श्रम महिलाओं द्वारा प्रतिस्थापित किया जाता है

Les différences d'âge et de sexe n'ont plus de validité sociale distincte pour la classe ouvrière

उम्र और लिंग के अंतर अब श्रमिक वर्ग के लिए कोई विशिष्ट सामाजिक वैधता नहीं है

Tous sont des instruments de travail, plus ou moins coûteux à utiliser, selon leur âge et leur sexe

सभी श्रम के साधन हैं, उनकी उम्र और लिंग के अनुसार उपयोग करने के लिए कम या ज्यादा खर्चीला

dès que l'ouvrier reçoit son salaire en espèces, il est attaqué par les autres parties de la bourgeoisie

जैसे ही मजदूर नकद में अपनी मजदूरी प्राप्त करता है, वह पूंजीपति वर्ग के अन्य हिस्सों द्वारा निर्धारित किया जाता है

le propriétaire, le commerçant, le prêteur sur gages, etc

मकान मालिक, दुकानदार, साहूकार, आदि

Les couches inférieures de la classe moyenne ; les petits commerçants et les commerçants

मध्यम वर्ग के निचले तबके; छोटे व्यापारी लोग और दुकानदार

les commerçants retraités en général, et les artisans et les paysans

आम तौर पर सेवानिवृत्त व्यापारी, और हस्तशिल्पी और किसान

tout cela s'enfonce peu à peu dans le prolétariat
ये सभी धीरे-धीरे सर्वहारा वर्ग में डूब जाते हैं

en partie parce que leur petit capital ne suffit pas à l'échelle
sur laquelle l'industrie moderne est exercée
आंशिक रूप से क्योंकि उनकी कम पूंजी उस पैमाने के लिए पर्याप्त नहीं है
जिस पर आधुनिक उद्योग चलाया जाता है

et parce qu'elle est submergée par la concurrence avec les
grands capitalistes
और क्योंकि यह बड़े पूंजीपतियों के साथ प्रतिस्पर्धा में दलदल में है

en partie parce que leur savoir-faire spécialisé est rendu sans
valeur par les nouvelles méthodes de production
आंशिक रूप से क्योंकि उत्पादन के नए तरीकों से उनके विशेष कौशल को
बेकार कर दिया जाता है

Ainsi le prolétariat se recrute dans toutes les classes de la
population
इस प्रकार सर्वहारा वर्ग को आबादी के सभी वर्गों से भर्ती किया जाता है

Le prolétariat passe par différents stades de développement
सर्वहारा वर्ग विकास के विभिन्न चरणों से गुजरता है

Avec sa naissance commence sa lutte contre la bourgeoisie
इसके जन्म के साथ पूंजीपति वर्ग के साथ इसका संघर्ष शुरू होता है

Dans un premier temps, la lutte est menée par des ouvriers
individuels
सबसे पहले प्रतियोगिता व्यक्तिगत मजदूरों द्वारा की जाती है

Ensuite, le concours est mené par les ouvriers d'une usine
फिर प्रतियोगिता एक कारखाने के श्रमिकों द्वारा की जाती है

Ensuite, la lutte est menée par les agents d'un métier, dans
une localité
फिर प्रतियोगिता एक इलाके में एक व्यापार के गुर्गों द्वारा की जाती है

et la lutte est alors contre la bourgeoisie individuelle qui les
exploite directement
और प्रतियोगिता तब व्यक्तिगत पूंजीपति वर्ग के खिलाफ होती है जो सीधे
उनका शोषण करता है

Ils ne dirigent pas leurs attaques contre les conditions de
production de la bourgeoisie
वे अपने हमलों को उत्पादन की बुर्जुआ परिस्थितियों के खिलाफ निर्देशित
नहीं करते हैं

mais ils dirigent leur attaque contre les instruments de
production eux-mêmes
लेकिन वे उत्पादन के साधनों के खिलाफ अपने हमले को निर्देशित करते हैं
Ils détruisent les marchandises importées qui font
concurrence à leur main-d'œuvre
वे आयातित माल को नष्ट कर देते हैं जो उनके श्रम के साथ प्रतिस्पर्धा करते
हैं
Ils brisent les machines et mettent le feu aux usines
वे मशीनरी को टुकड़े-टुकड़े कर देते हैं और कारखानों में आग लगा देते हैं
ils cherchent à restaurer par la force le statut disparu de
l'ouvrier du Moyen Âge
वे मध्य युग के कामगार की लुप्त स्थिति को बलपूर्वक बहाल करना चाहते हैं
À ce stade, les ouvriers forment encore une masse
incohérente dispersée dans tout le pays
इस स्तर पर मजदूर अभी भी पूरे देश में बिखरे हुए एक असंगत द्रव्यमान का
निर्माण करते हैं
et ils sont brisés par leur concurrence mutuelle
और वे अपनी आपसी प्रतिस्पर्धा से टूट गए हैं
S'ils s'unissent quelque part pour former des corps plus
compacts, ce n'est pas encore la conséquence de leur propre
union active
यदि कहीं भी वे अधिक कॉम्पैक्ट निकाय बनाने के लिए एकजुट होते हैं, तो
यह अभी तक उनके स्वयं के सक्रिय संघ का परिणाम नहीं है
mais c'est une conséquence de l'union de la bourgeoisie,
d'atteindre ses propres fins politiques
लेकिन यह पूंजीपति वर्ग के मिलन का परिणाम है, अपने स्वयं के राजनीतिक
सिरों को प्राप्त करने के लिए
la bourgeoisie est obligée de mettre en mouvement tout le
prolétariat
पूंजीपति वर्ग पूरे सर्वहारा वर्ग को गति में स्थापित करने के लिए मजबूर है
et d'ailleurs, pour un temps, la bourgeoisie est capable de le
faire
और इसके अलावा, कुछ समय के लिए, पूंजीपति वर्ग ऐसा करने में सक्षम है
À ce stade, les prolétaires ne combattent donc pas leurs
ennemis
इसलिए, इस स्तर पर, सर्वहारा अपने दुश्मनों से नहीं लड़ता है

mais au lieu de cela, ils combattent les ennemis de leurs ennemis

लेकिन इसके बजाय वे अपने दुश्मनों के दुश्मनों से लड़ रहे हैं

La lutte contre les vestiges de la monarchie absolue et les propriétaires terriens

पूर्ण राजशाही और भूस्वामियों के अवशेषों से लड़ाई

ils combattent la bourgeoisie non industrielle ; la petite bourgeoisie

वे गैर-औद्योगिक पूंजीपति वर्ग से लड़ते हैं; क्षुद्र पूंजीपति वर्ग

Ainsi tout le mouvement historique est concentré entre les mains de la bourgeoisie

इस प्रकार पूरा ऐतिहासिक आंदोलन पूंजीपति वर्ग के हाथों में केंद्रित है

chaque victoire ainsi obtenue est une victoire pour la bourgeoisie

इस प्रकार प्राप्त हर जीत पूंजीपति वर्ग की जीत है

Mais avec le développement de l'industrie, le prolétariat ne se contente pas d'augmenter en nombre

लेकिन उद्योग के विकास के साथ सर्वहारा न केवल संख्या में वृद्धि करता है

le prolétariat se concentre en masses plus grandes et sa force s'accroît

सर्वहारा अधिक से अधिक जनसमूह में केंद्रित हो जाता है और उसकी ताकत बढ़ती है

et le prolétariat ressent de plus en plus cette force

और सर्वहारा उस ताकत को अधिक से अधिक महसूस करता है

Les divers intérêts et conditions de vie dans les rangs du prolétariat sont de plus en plus égalisés

सर्वहारा वर्ग के रैंकों के भीतर जीवन के विभिन्न हित और स्थितियां अधिक से अधिक समान हैं

elles deviennent plus proportionnelles à mesure que les machines effacent toutes les distinctions de travail

वे अनुपात में अधिक हो जाते हैं क्योंकि मशीनरी श्रम के सभी भेदों को मिटा देती है

et les machines réduisent presque partout les salaires au même bas niveau

और मशीनरी लगभग हर जगह मजदूरी को समान निम्न स्तर तक कम कर देती है

La concurrence croissante entre la bourgeoisie et les crises commerciales qui en résultent rendent les salaires des ouvriers de plus en plus fluctuants

पूंजीपति वर्ग के बीच बढ़ती प्रतिस्पर्धा, और परिणामस्वरूप वाणिज्यिक संकट, श्रमिकों की मजदूरी को और अधिक उतार-चढ़ाव बनाते हैं

L'amélioration incessante des machines, qui se développe de plus en plus rapidement, rend leurs moyens d'existence de plus en plus précaires

मशीनरी का निरंतर सुधार, कभी अधिक तेजी से विकसित हो रहा है, उनकी आजीविका को अधिक से अधिक अनिश्चित बना देता है

les collisions entre les ouvriers individuels et la bourgeoisie individuelle prennent de plus en plus le caractère de collisions entre deux classes

व्यक्तिगत श्रमिकों और व्यक्तिगत पूंजीपति वर्ग के बीच टकराव दो वर्गों के बीच टकराव के चरित्र को अधिक से अधिक लेते हैं

Là-dessus, les ouvriers commencent à former des associations (syndicats) contre la bourgeoisie

इसके बाद मजदूर पूंजीपति वर्ग के खिलाफ संयोजन (ट्रेड यूनियन) बनाने लगते हैं

Ils s'associent pour maintenir le taux des salaires

मजदूरी की दर को बनाए रखने के लिए वे एक साथ क्लब करते हैं

Ils fondèrent des associations permanentes afin de pourvoir à l'avance à ces révoltes occasionnelles

इन सामयिक विद्रोहों के लिए पहले से प्रावधान करने के लिए उन्हें स्थायी संघ मिले

Ici et là, la lutte éclate en émeutes

इधर-उधर की प्रतियोगिता दंगों में बदल जाती है

De temps en temps, les ouvriers sont victorieux, mais seulement pour un temps

अब और फिर कार्यकर्ता विजयी होते हैं, लेकिन केवल कुछ समय के लिए

Le vrai fruit de leurs luttes n'est pas dans le résultat immédiat, mais dans l'union toujours plus grande des travailleurs

उनकी लड़ाइयों का असली फल तात्कालिक परिणाम में नहीं, बल्कि मज़दूरों की लगातार बढ़ती यूनियन में है

Cette union est favorisée par les moyens de communication améliorés créés par l'industrie moderne

इस संघ को आधुनिक उद्योग द्वारा बनाए गए संचार के बेहतर साधनों द्वारा मदद की जाती है

La communication moderne met en contact les travailleurs de différentes localités les uns avec les autres

आधुनिक संचार विभिन्न इलाकों के श्रमिकों को एक दूसरे के संपर्क में रखता है

C'était précisément ce contact qui était nécessaire pour centraliser les nombreuses luttes locales en une lutte nationale entre les classes

यह सिर्फ वह संपर्क था जो कई स्थानीय संघर्षों को वर्गों के बीच एक राष्ट्रीय संघर्ष में केंद्रीकृत करने के लिए आवश्यक था

Toutes ces luttes sont du même caractère, et toute lutte de classe est une lutte politique

ये सभी संघर्ष एक ही चरित्र के हैं, और हर वर्ग संघर्ष एक राजनीतिक संघर्ष है

les bourgeois du moyen âge, avec leurs misérables routes, mettaient des siècles à former leurs syndicats

मध्य युग के बर्गर, अपने दयनीय राजमार्गों के साथ, अपनी यूनियनों को बनाने के लिए सदियों की आवश्यकता थी

Les prolétaires modernes, grâce aux chemins de fer, réalisent leurs syndicats en quelques années

आधुनिक सर्वहारा, रेलवे के लिए धन्यवाद, कुछ वर्षों के भीतर अपनी यूनियनों को प्राप्त करते हैं

Cette organisation des prolétaires en classe les a donc formés en parti politique

सर्वहारा वर्ग को एक वर्ग में बँटाने के इस संगठन ने फलस्वरूप उन्हें एक राजनीतिक दल बना दिया

La classe politique est continuellement bouleversée par la concurrence entre les travailleurs eux-mêmes

खुद मजदूरों के बीच होड़ से राजनीतिक वर्ग लगातार परेशान हो रहा है

Mais la classe politique continue de se soulever, plus forte, plus ferme, plus puissante

लेकिन राजनीतिक वर्ग फिर से ऊपर उठना जारी रखता है, मजबूत, दृढ़, शक्तिशाली

Elle oblige la législation à reconnaître les intérêts particuliers des travailleurs

यह श्रमिकों के विशेष हितों की विधायी मान्यता को मजबूर करता है

il le fait en profitant des divisions au sein de la bourgeoisie elle-même

यह पूंजीपति वर्ग के बीच विभाजन का लाभ उठाकर ऐसा करता है

C'est ainsi qu'en Angleterre fut promulguée la loi sur les dix heures

इस प्रकार इंग्लैंड में दस घंटे के बिल को कानून में डाल दिया गया

à bien des égards, les collisions entre les classes de l'ancienne société sont en outre le cours du développement du prolétariat

कई मायनों में पुराने समाज के वर्गों के बीच टकराव सर्वहारा वर्ग के विकास का पाठ्यक्रम है

La bourgeoisie se trouve engagée dans une bataille de tous les instants

पूंजीपति वर्ग खुद को एक निरंतर लड़ाई में शामिल पाता है

Dans un premier temps, il se trouvera impliqué dans une bataille constante avec l'aristocratie

सबसे पहले यह खुद को अभिजात वर्ग के साथ निरंतर लड़ाई में शामिल पाएगा

plus tard, elle se trouvera engagée dans une lutte constante avec ces parties de la bourgeoisie elle-même

बाद में यह खुद को पूंजीपति वर्ग के उन हिस्सों के साथ निरंतर लड़ाई में शामिल पाएगा

et leurs intérêts seront devenus antagonistes au progrès de l'industrie

और उनके हित उद्योग की प्रगति के विरोधी हो गए होंगे

à tout moment, leurs intérêts seront devenus antagonistes avec la bourgeoisie des pays étrangers

हर समय, उनके हित विदेशी देशों के पूंजीपति वर्ग के साथ विरोधी हो गए होंगे

Dans toutes ces batailles, elle se voit obligée de faire appel au prolétariat et lui demande son aide

इन सभी लड़ाइयों में यह खुद को सर्वहारा वर्ग से अपील करने के लिए मजबूर देखता है, और उसकी मदद मांगता है

Et ainsi, il se sentira obligé de l'entraîner dans l'arène politique
और इस प्रकार, यह इसे राजनीतिक क्षेत्र में घसीटने के लिए मजबूर महसूस करेगा

C'est pourquoi la bourgeoisie elle-même fournit au prolétariat ses propres instruments d'éducation politique et générale
इसलिए, पूंजीपति वर्ग स्वयं सर्वहारा वर्ग को राजनीतिक और सामान्य शिक्षा के अपने उपकरणों की आपूर्ति करता है

c'est-à-dire qu'il fournit au prolétariat des armes pour combattre la bourgeoisie
दूसरे शब्दों में, यह पूंजीपति वर्ग से लड़ने के लिए सर्वहारा वर्ग को हथियारों के साथ प्रस्तुत करता है

De plus, comme nous l'avons déjà vu, des sections entières des classes dominantes sont précipitées dans le prolétariat
इसके अलावा, जैसा कि हम पहले ही देख चुके हैं, शासक वर्गों के पूरे हिस्से सर्वहारा वर्ग में अवक्षेपित हैं

le progrès de l'industrie les aspire dans le prolétariat
उद्योग की उन्नति उन्हें सर्वहारा वर्ग में चूस लेती है

ou, du moins, ils sont menacés dans leurs conditions d'existence
या, कम से कम, उन्हें उनके अस्तित्व की स्थितियों में धमकी दी जाती है

Ceux-ci fournissent également au prolétariat de nouveaux éléments d'illumination et de progrès
ये सर्वहारा वर्ग को ज्ञान और प्रगति के नए तत्वों की आपूर्ति भी करते हैं

Enfin, à l'approche de l'heure décisive de la lutte des classes
अंत में, ऐसे समय में जब वर्ग संघर्ष निर्णायक घंटे के करीब होता है

le processus de dissolution en cours au sein de la classe dirigeante
शासक वर्ग के भीतर चल रही विघटन की प्रक्रिया

En fait, la dissolution en cours au sein de la classe dirigeante se fera sentir dans toute la société
वास्तव में, शासक वर्ग के भीतर चल रहे विघटन को समाज के पूरे दायरे में महसूस किया जाएगा

Il prendra un caractère si violent et si flagrant qu'une petite partie de la classe dirigeante se laissera aller à la dérive

यह इतना हिंसक, चकाचौंध भरा चरित्र धारण कर लेगा कि शासक वर्ग का एक छोटा सा हिस्सा खुद को भटका देगा

et que la classe dirigeante rejoindra la classe révolutionnaire
और वह शासक वर्ग क्रांतिकारी वर्ग में शामिल हो जाएगा

La classe révolutionnaire étant la classe qui tient l'avenir entre ses mains
क्रांतिकारी वर्ग वह वर्ग है जो भविष्य को अपने हाथों में रखता है

Comme à une époque antérieure, une partie de la noblesse passa dans la bourgeoisie
ठीक पहले की अवधि की तरह, बड़प्पन का एक वर्ग पूंजीपति वर्ग के पास चला गया

de la même manière qu'une partie de la bourgeoisie passera au prolétariat
उसी तरह पूंजीपति वर्ग का एक हिस्सा सर्वहारा वर्ग के पास चला जाएगा

en particulier, une partie de la bourgeoisie passera à une partie des idéologues de la bourgeoisie
विशेष रूप से, पूंजीपति वर्ग का एक हिस्सा बुर्जुआ विचारकों के एक हिस्से में चला जाएगा

Des idéologues bourgeois qui se sont élevés au niveau de la compréhension théorique du mouvement historique dans son ensemble
बुर्जुआ विचारक जिन्होंने खुद को सैद्धांतिक रूप से ऐतिहासिक आंदोलन को समग्र रूप से समझने के स्तर तक उठाया है

De toutes les classes qui se trouvent aujourd'hui en face de la bourgeoisie, seule le prolétariat est une classe vraiment révolutionnaire
आज बुर्जुआ वर्ग के साथ आमने-सामने खड़े सभी वर्गों में से, अकेले सर्वहारा वर्ग वास्तव में एक क्रांतिकारी वर्ग है

Les autres classes se dégradent et finissent par disparaître devant l'industrie moderne
अन्य वर्ग आधुनिक उद्योग के सामने क्षय हो जाते हैं और अंततः गायब हो जाते हैं

le prolétariat est son produit spécial et essentiel
सर्वहारा उसका विशेष और आवश्यक उत्पाद है

La petite bourgeoisie, le petit industriel, le commerçant, l'artisan, le paysan
निम्न मध्यम वर्ग, छोटा निर्माता, दुकानदार, कारीगर, किसान

toutes ces luttes contre la bourgeoisie

ये सभी पूंजीपति वर्ग के खिलाफ लड़ते हैं

Ils se battent en tant que fractions de la classe moyenne pour se sauver de l'extinction

वे खुद को विलुप्त होने से बचाने के लिए मध्यम वर्ग के अंश के रूप में लड़ते हैं

Ils ne sont donc pas révolutionnaires, mais conservateurs

इसलिए वे क्रांतिकारी नहीं हैं, लेकिन रूढ़िवादी हैं

Bien plus, ils sont réactionnaires, car ils essaient de faire reculer la roue de l'histoire

और नहीं, वे प्रतिक्रियावादी हैं, क्योंकि वे इतिहास के पहिये को पीछे घुमाने की कोशिश करते हैं

Si par hasard ils sont révolutionnaires, ils ne le sont qu'en vue de leur transfert imminent dans le prolétariat

यदि संयोग से वे क्रांतिकारी हैं, तो वे केवल सर्वहारा वर्ग में उनके आसन्न स्थानांतरण को देखते हुए हैं

Ils défendent ainsi non pas leurs intérêts présents, mais leurs intérêts futurs

इस प्रकार वे अपने वर्तमान की नहीं, बल्कि अपने भविष्य के हितों की रक्षा करते हैं

ils désertent leur propre point de vue pour se placer à celui du prolétariat

वे सर्वहारा वर्ग के उस पर खुद को रखने के लिए अपने स्वयं के दृष्टिकोण को छोड़ देते हैं

La « classe dangereuse », la racaille sociale, cette masse en décomposition passive rejetée par les couches les plus basses de la vieille société

"खतरनाक वर्ग," सामाजिक मैल, जो पुराने समाज की सबसे निचली परतों द्वारा फेंके गए निष्क्रिय रूप से सड़ते हुए द्रव्यमान को फेंक देता है

Ils peuvent, ici et là, être entraînés dans le mouvement par une révolution prolétarienne

वे यहां-वहां सर्वहारा क्रांति से आंदोलन में बह सकते हैं

Ses conditions de vie, cependant, le préparent beaucoup plus au rôle d'instrument soudoyé de l'intrigue réactionnaire

जीवन की अपनी स्थितियों, तथापि, प्रतिक्रियावादी साज़िश का एक रिश्वत उपकरण के हिस्से के लिए कहीं अधिक यह तैयार

Dans les conditions du prolétariat, ceux de l'ancienne société dans son ensemble sont déjà virtuellement submergés

सर्वहारा वर्ग की स्थितियों में, बड़े पैमाने पर पुराने समाज के लोग पहले से ही लगभग दलदल में हैं

Le prolétaire est sans propriété

सर्वहारा संपत्ति के बिना है

ses rapports avec sa femme et ses enfants n'ont plus rien de commun avec les relations familiales de la bourgeoisie

अपनी पत्नी और बच्चों के साथ उनके संबंध में अब पूंजीपति वर्ग के पारिवारिक संबंधों के साथ कुछ भी सामान्य नहीं है

le travail industriel moderne, la sujétion moderne au capital, la même en Angleterre qu'en France, en Amérique comme en Allemagne

आधुनिक औद्योगिक श्रम, पूंजी की आधुनिक अधीनता, इंग्लैंड में फ्रांस के समान, अमेरिका में जर्मनी के रूप में

Sa condition dans la société l'a dépouillé de toute trace de caractère national

समाज में उनकी स्थिति ने उन्हें राष्ट्रीय चरित्र के हर निशान से छीन लिया है

La loi, la morale, la religion, sont pour lui autant de préjugés bourgeois

कानून, नैतिकता, धर्म, उसके लिए इतने सारे बुर्जुआ पूर्वाग्रह हैं

et derrière ces préjugés se cachent en embuscade autant d'intérêts bourgeois

और इन पूर्वाग्रहों के पीछे घात में दुबके हुए हैं जैसे कि कई बुर्जुआ हित

Toutes les classes précédentes, qui ont pris le dessus, ont cherché à fortifier leur statut déjà acquis

सभी पूर्ववर्ती वर्गों ने ऊपरी हाथ प्राप्त किया, अपनी पहले से ही अर्जित स्थिति को मजबूत करने की मांग की

Ils l'ont fait en soumettant la société dans son ensemble à leurs conditions d'appropriation

उन्होंने बड़े पैमाने पर समाज को विनियोग की अपनी शर्तों के अधीन करके ऐसा किया

Les prolétaires ne peuvent pas devenir maîtres des forces productives de la société

सर्वहारा वर्ग समाज की उत्पादक शक्तियों का स्वामी नहीं बन सकता

elle ne peut le faire qu'en abolissant son propre mode
d'appropriation antérieur

यह केवल विनियोग के अपने पिछले मोड को समाप्त करके ऐसा कर
सकता है

et par là même elle abolit tout autre mode d'appropriation
antérieur

और इस तरह यह विनियोग के हर दूसरे पिछले मोड को भी समाप्त कर
देता है

Ils n'ont rien à eux pour s'assurer et se fortifier

उनके पास सुरक्षित करने और मजबूत करने के लिए अपना कुछ भी नहीं है

Leur mission est de détruire toutes les sûretés antérieures et
les assurances de biens individuels

उनका मिशन व्यक्तिगत संपत्ति के लिए सभी पिछली प्रतिभूतियों और बीमा
को नष्ट करना है

Tous les mouvements historiques antérieurs étaient des
mouvements de minorités

पिछले सभी ऐतिहासिक आंदोलन अल्पसंख्यकों के आंदोलन थे

ou bien il s'agissait de mouvements dans l'intérêt des
minorités

या वे अल्पसंख्यकों के हित में आंदोलन थे

Le mouvement prolétarien est le mouvement conscient et
indépendant de l'immense majorité

सर्वहारा आंदोलन विशाल बहुमत का आत्म-जागरूक, स्वतंत्र आंदोलन है

Et c'est un mouvement dans l'intérêt de l'immense majorité

और यह विशाल बहुमत के हितों में एक आंदोलन है

Le prolétariat, couche la plus basse de notre société actuelle

सर्वहारा वर्ग, हमारे वर्तमान समाज का सबसे निचला स्तर

elle ne peut ni s'agiter ni s'élever sans que toutes les couches
supérieures de la société officielle ne soient soulevées en
l'air

यह आधिकारिक समाज के पूरे अधीक्षण स्तर को हवा में उछाले बिना खुद
को हिला या उठा नहीं सकता है

Loin d'être dans le fond, mais dans la forme, la lutte du
prolétariat contre la bourgeoisie est d'abord une lutte
nationale

हालांकि सार में नहीं, फिर भी रूप में, पूंजीपति वर्ग के साथ सर्वहारा वर्ग का
संघर्ष पहले एक राष्ट्रीय संघर्ष है

Le prolétariat de chaque pays doit, bien entendu, régler d'abord ses affaires avec sa propre bourgeoisie

प्रत्येक देश के सर्वहारा वर्ग को, निश्चित रूप से, सबसे पहले, अपने स्वयं के पूंजीपति वर्ग के साथ मामलों का निपटारा करना चाहिए

En décrivant les phases les plus générales du développement du prolétariat, nous avons retracé la guerre civile plus ou moins voilée

सर्वहारा वर्ग के विकास के सबसे सामान्य चरणों का चित्रण करने में, हमने कमोबेश घूंघट वाले गृहयुद्ध का पता लगाया

Ce civil fait rage au sein de la société existante

यह नागरिक मौजूदा समाज के भीतर उग्र है

Elle fera rage jusqu'au point où cette guerre éclatera en révolution ouverte

यह उस बिंदु तक बढ़ जाएगा जहां वह युद्ध खुली क्रांति में टूट जाता है

et alors le renversement violent de la bourgeoisie jette les bases de l'emprise du prolétariat

और फिर पूंजीपति वर्ग का हिंसक तख्तापलट सर्वहारा वर्ग के बोलबाला की नींव रखता है

Jusqu'à présent, toute forme de société a été fondée, comme nous l'avons déjà vu, sur l'antagonisme des classes oppressives et opprimées

अब तक, समाज का हर रूप, जैसा कि हम पहले ही देख चुके हैं, उत्पीड़ित और उत्पीड़ित वर्गों के विरोध पर आधारित रहा है

Mais pour opprimer une classe, il faut lui assurer certaines conditions

लेकिन एक वर्ग पर अत्याचार करने के लिए, कुछ शर्तों का आश्वासन दिया जाना चाहिए

La classe doit être maintenue dans des conditions dans lesquelles elle peut, au moins, continuer son existence servile

वर्ग को उन परिस्थितियों में रखा जाना चाहिए जिनमें वह कम से कम अपने दासतापूर्ण अस्तित्व को जारी रख सके

Le serf, à l'époque du servage, s'élevait lui-même au rang d'adhérent à la commune

सर्फ़, सर्फ़डम की अवधि में, खुद को कम्यून में सदस्यता के लिए उठाया

de même que la petite bourgeoisie, sous le joug de l'absolutisme féodal, a réussi à se développer en bourgeoisie

जिस तरह सामंती निरंकुशता के जुए के नीचे क्षुद्र पूंजीपति वर्ग एक बुर्जुआ के रूप में विकसित होने में कामयाब रहा

L'ouvrier moderne, au contraire, au lieu de s'élever avec les progrès de l'industrie, s'enfonce de plus en plus profondément

आधुनिक मजदूर, इसके विपरीत, उद्योग की प्रगति के साथ बढ़ने के बजाय, गहरे और गहरे डूबते हैं

il s'enfonce au-dessous des conditions d'existence de sa propre classe

वह अपने ही वर्ग के अस्तित्व की शर्तों से नीचे डूब जाता है

Il devient pauvre, et le paupérisme se développe plus rapidement que la population et la richesse

वह एक कंगाल बन जाता है, और जनसंख्या और धन की तुलना में कंगाली अधिक तेजी से विकसित होती है

Et c'est là qu'il devient évident que la bourgeoisie n'est plus apte à être la classe dominante dans la société

और यहाँ यह स्पष्ट हो जाता है, कि पूंजीपति वर्ग अब समाज में शासक वर्ग होने के लिए अयोग्य है

et elle n'est pas digne d'imposer ses conditions d'existence à la société comme une loi prépondérante

और यह एक ओवर-राइडिंग कानून के रूप में समाज पर अपने अस्तित्व की शर्तों को लागू करने के लिए अयोग्य है

Il est inapte à gouverner parce qu'il est incompétent pour assurer une existence à son esclave dans son esclavage

यह शासन करने के लिए अयोग्य है क्योंकि यह अपनी गुलामी के भीतर अपने दास को अस्तित्व का आश्वासन देने में असमर्थ है

parce qu'il ne peut s'empêcher de le laisser sombrer dans un tel état, qu'il doit le nourrir, au lieu d'être nourri par lui

क्योंकि यह उसे ऐसी स्थिति में डूबने में मदद नहीं कर सकता है, कि उसे उसके द्वारा खिलाए जाने के बजाय उसे खिलाना पड़े

La société ne peut plus vivre sous cette bourgeoisie

समाज अब इस पूंजीपति वर्ग के अधीन नहीं रह सकता

En d'autres termes, son existence n'est plus compatible avec la société

दूसरे शब्दों में, इसका अस्तित्व अब समाज के अनुकूल नहीं है

La condition essentielle de l'existence et de l'influence de la classe bourgeoise est la formation et l'accroissement du capital

अस्तित्व के लिए और बुर्जुआ वर्ग के प्रभुत्व के लिए आवश्यक शर्त, पूंजी का गठन और वृद्धि है

La condition du capital, c'est le salariat-travail

पूंजी के लिए शर्त मजदूरी-श्रम है

Le travail salarié repose exclusivement sur la concurrence entre les travailleurs

मजदूरी-श्रम विशेष रूप से मजदूरों के बीच प्रतिस्पर्धा पर टिका हुआ है

Le progrès de l'industrie, dont le promoteur involontaire est la bourgeoisie, remplace l'isolement des ouvriers

उद्योग की उन्नति, जिसका अनैच्छिक प्रवर्तक पूंजीपति वर्ग है, मजदूरों के अलगाव की जगह लेता है

en raison de la concurrence, en raison de leur combinaison révolutionnaire, en raison de l'association

प्रतिस्पर्धा के कारण, उनके क्रांतिकारी संयोजन के कारण, संघ के कारण

Le développement de l'industrie moderne lui coupe sous les pieds les fondements mêmes sur lesquels la bourgeoisie produit et s'approprie les produits

आधुनिक उद्योग का विकास उसके पैरों के नीचे से उस नींव को काटता है जिस पर पूंजीपति वर्ग उत्पादों का उत्पादन और विनियोजन करता है

Ce que la bourgeoisie produit avant tout, ce sont ses propres fossoyeurs

पूंजीपति वर्ग जो पैदा करता है, सबसे बढ़कर, वह है अपनी कब्र खोदने वाले

La chute de la bourgeoisie et la victoire du prolétariat sont également inévitables

पूंजीपति वर्ग का पतन और सर्वहारा वर्ग की जीत समान रूप से अपरिहार्य हैं

Prolétaires et communistes
सर्वहारा और कम्युनिस्ट

Quel est le rapport des communistes vis-à-vis de l'ensemble des prolétaires ?

कम्युनिस्टों का सर्वहारा वर्ग से क्या संबंध है?

Les communistes ne forment pas un parti séparé opposé aux autres partis de la classe ouvrière

कम्युनिस्ट अन्य मजदूर वर्ग की पार्टियों के विरोध में एक अलग पार्टी नहीं बनाते हैं

Ils n'ont pas d'intérêts séparés de ceux du prolétariat dans son ensemble

उनका कोई अलग और समग्र रूप से सर्वहारा वर्ग से अलग कोई हित नहीं है

Ils n'établissent pas de principes sectaires qui leur soient propres pour façonner et modeler le mouvement prolétarien

वे अपना कोई सांप्रदायिक सिद्धांत स्थापित नहीं करते हैं, जिसके द्वारा सर्वहारा आंदोलन को आकार दिया जाए और ढाला जाए

Les communistes ne se distinguent des autres partis ouvriers que par deux choses

कम्युनिस्टों को अन्य मजदूर वर्ग की पार्टियों से केवल दो चीजों से अलग किया जाता है

Premièrement, ils signalent et mettent en avant les intérêts communs de l'ensemble du prolétariat, indépendamment de toute nationalité

सबसे पहले, वे सभी राष्ट्रीयताओं से स्वतंत्र रूप से पूरे सर्वहारा वर्ग के सामान्य हितों को इंगित करते हैं और सामने लाते हैं

C'est ce qu'ils font dans les luttes nationales des prolétaires des différents pays

यह वे विभिन्न देशों के सर्वहारा वर्ग के राष्ट्रीय संघर्षों में करते हैं

Deuxièmement, ils représentent toujours et partout les intérêts du mouvement dans son ensemble

दूसरे, वे हमेशा और हर जगह समग्र रूप से आंदोलन के हितों का प्रतिनिधित्व करते हैं

c'est ce qu'ils font dans les différents stades de développement par lesquels doit passer la lutte de la classe ouvrière contre la bourgeoisie

यह वे विकास के विभिन्न चरणों में करते हैं, जिससे पूंजीपति वर्ग के खिलाफ मजदूर वर्ग के संघर्ष को गुजरना पड़ता है

Les communistes sont donc, d'une part, pratiquement, la section la plus avancée et la plus résolue des partis ouvriers de tous les pays

इसलिए, एक तरफ, व्यावहारिक रूप से, कम्युनिस्ट हर देश की मज़दूर वर्ग की पार्टियों का सबसे उन्नत और दृढ़ हिस्सा हैं

Ils sont cette section de la classe ouvrière qui pousse en avant toutes les autres

वे मजदूर वर्ग का वह हिस्सा हैं जो अन्य सभी को आगे बढ़ाता है

Théoriquement, ils ont aussi l'avantage de bien comprendre la ligne de marche

सैद्धांतिक रूप से, उन्हें मार्च की रेखा को स्पष्ट रूप से समझने का लाभ भी है

C'est ce qu'ils comprennent mieux par rapport à la grande masse du prolétariat

सर्वहारा वर्ग के महान जन की तुलना में वे इसे बेहतर समझते हैं

Ils comprennent les conditions et les résultats généraux ultimes du mouvement prolétarien

वे सर्वहारा आंदोलन की स्थितियों और अंतिम सामान्य परिणामों को समझते हैं

Le but immédiat du Parti communiste est le même que celui de tous les autres partis prolétariens

कम्युनिस्टों का तात्कालिक उद्देश्य वही है जो अन्य सभी सर्वहारा पार्टियों का है

Leur but est la formation du prolétariat en classe

उनका उद्देश्य सर्वहारा वर्ग को एक वर्ग में बनाना है

ils visent à renverser la suprématie de la bourgeoisie

उनका उद्देश्य पूंजीपति वर्ग के वर्चस्व को उखाड़ फेंकना है

la conquête du pouvoir politique par le prolétariat

सर्वहारा वर्ग द्वारा राजनीतिक सत्ता की विजय के लिए प्रयास

Les conclusions théoriques des communistes ne sont nullement basées sur des idées ou des principes de réformateurs

कम्युनिस्टों के सैद्धांतिक निष्कर्ष किसी भी तरह से सुधारकों के विचारों या सिद्धांतों पर आधारित नहीं हैं

ce ne sont pas des prétendus réformateurs universels qui ont inventé ou découvert les conclusions théoriques des communistes

यह सार्वभौमिक सुधारक नहीं थे जिन्होंने कम्युनिस्टों के सैद्धांतिक निष्कर्षों का आविष्कार या खोज की थी

Ils ne font qu'exprimer, en termes généraux, des rapports réels qui naissent d'une lutte de classe existante

वे केवल व्यक्त करते हैं, सामान्य शब्दों में, एक मौजूदा वर्ग संघर्ष से उत्पन्न वास्तविक संबंध

Et ils décrivent le mouvement historique qui se déroule sous nos yeux et qui a créé cette lutte des classes

और वे हमारी आंखों के नीचे चल रहे ऐतिहासिक आंदोलन का वर्णन करते हैं जिसने इस वर्ग संघर्ष को बनाया है

L'abolition des rapports de propriété existants n'est pas du tout un trait distinctif du communisme

मौजूदा संपत्ति संबंधों का उन्मूलन साम्यवाद की एक विशिष्ट विशेषता नहीं है

Dans le passé, toutes les relations de propriété ont été continuellement sujettes à des changements historiques

अतीत में सभी संपत्ति संबंध लगातार ऐतिहासिक परिवर्तन के अधीन रहे हैं

et ces changements ont été consécutifs au changement des conditions historiques

और ये परिवर्तन ऐतिहासिक परिस्थितियों में परिवर्तन के परिणामस्वरूप थे

La Révolution française, par exemple, a aboli la propriété féodale au profit de la propriété bourgeoise

उदाहरण के लिए, फ्रांसीसी क्रांति ने बुर्जुआ संपत्ति के पक्ष में सामंती संपत्ति को समाप्त कर दिया

Le trait distinctif du communisme n'est pas l'abolition de la propriété, en général

साम्यवाद की विशिष्ट विशेषता संपत्ति का उन्मूलन नहीं है, आम तौर पर

mais le trait distinctif du communisme, c'est l'abolition de la propriété bourgeoise

लेकिन साम्यवाद की विशिष्ट विशेषता बुर्जुआ संपत्ति का उन्मूलन है

Mais la propriété privée de la bourgeoisie moderne est l'expression ultime et la plus complète du système de production et d'appropriation des produits

लेकिन आधुनिक पूंजीपति निजी संपत्ति उत्पादों के उत्पादन और विनियोग की प्रणाली की अंतिम और सबसे पूर्ण अभिव्यक्ति है

C'est l'état final d'un système basé sur les antagonismes de classe, où l'antagonisme de classe est l'exploitation du plus grand nombre par quelques-uns

यह एक ऐसी प्रणाली की अंतिम स्थिति है जो वर्ग विरोधों पर आधारित है, जहां वर्ग विरोध कुछ लोगों द्वारा कई का शोषण है

En ce sens, la théorie des communistes peut se résumer en une seule phrase ; l'abolition de la propriété privée

इस अर्थ में, कम्युनिस्टों के सिद्धांत को एकल वाक्य में अभिव्यक्त किया जा सकता है; निजी संपत्ति का उन्मूलन

On nous a reproché, à nous communistes, de vouloir abolir le droit d'acquérir personnellement des biens

हम कम्युनिस्टों को व्यक्तिगत रूप से संपत्ति अर्जित करने के अधिकार को समाप्त करने की इच्छा से फटकार लगाई गई है

On prétend que cette propriété est le fruit du travail de l'homme

यह दावा किया जाता है कि यह संपत्ति मनुष्य के अपने श्रम का फल है

et cette propriété est censée être le fondement de toute liberté, de toute activité et de toute indépendance individuelles.

और इस संपत्ति को सभी व्यक्तिगत स्वतंत्रता, गतिविधि और स्वतंत्रता का आधार माना जाता है।

« Propriété durement gagnée, auto-acquise, auto-gagnée ! »

"कड़ी मेहनत से, स्व-अर्जित, स्व-अर्जित संपत्ति!"

Voulez-vous dire la propriété du petit artisan et du petit paysan ?

क्या आपका मतलब छोटे कारीगर और छोटे किसान की संपत्ति से है?

Voulez-vous parler d'une forme de propriété qui a précédé la forme bourgeoise ?

क्या आपका मतलब संपत्ति के एक रूप से है जो बुर्जुआ रूप से पहले था?

Il n'est pas nécessaire de l'abolir, le développement de l'industrie l'a déjà détruit dans une large mesure

इसे समाप्त करने की कोई आवश्यकता नहीं है, उद्योग के विकास ने इसे पहले ही काफी हद तक नष्ट कर दिया है

et le développement de l'industrie continue de la détruire chaque jour

और उद्योग का विकास अभी भी इसे प्रतिदिन नष्ट कर रहा है

Ou voulez-vous parler de la propriété privée de la
bourgeoisie moderne ?
या आपका मतलब आधुनिक बुर्जुआ निजी संपत्ति से है?
Mais le travail salarié crée-t-il une propriété pour l'ouvrier ?
लेकिन क्या मजदूरी-मजदूरी मजदूर के लिए कोई संपत्ति पैदा करती है?
Non, le travail salarié ne crée pas une parcelle de ce genre de
propriété !
नहीं, मजदूरी मजदूरी इस तरह की संपत्ति का एक टुकड़ा भी नहीं बनाती है!
Ce que le travail salarié crée, c'est du capital ; ce genre de
propriété qui exploite le travail salarié
मजदूरी श्रम जो बनाता है वह पूंजी है; उस तरह की संपत्ति जो मजदूरी-श्रम
का शोषण करती है
Le capital ne peut s'accroître qu'à la condition d'engendrer
une nouvelle offre de travail salarié pour une nouvelle
exploitation
पूंजी तब तक नहीं बढ़ सकती जब तक कि वह नए शोषण के लिए मजदूरी-
श्रम की नई आपूर्ति न कर दे
La propriété, dans sa forme actuelle, est fondée sur
l'antagonisme du capital et du salariat
संपत्ति, अपने वर्तमान स्वरूप में, पूंजी और मजदूरी-श्रम के विरोध पर
आधारित है
Examinons les deux côtés de cet antagonisme
आइए हम इस विरोध के दोनों पक्षों की जांच करें
Être capitaliste, ce n'est pas seulement avoir un statut
purement personnel
पूंजीवादी होने का अर्थ न केवल विशुद्ध रूप से व्यक्तिगत स्थिति होना है
Au contraire, être capitaliste, c'est aussi avoir un statut social
dans la production
इसके बजाय, पूंजीवादी होने का अर्थ उत्पादन में सामाजिक स्थिति होना भी
है
parce que le capital est un produit collectif ; Ce n'est que par
l'action unie de nombreux membres qu'elle peut être mise
en branle
क्योंकि पूंजी एक सामूहिक उत्पाद है; केवल कई सदस्यों की एकजुट
कार्रवाई से ही इसे गति में स्थापित किया जा सकता है

Mais cette action unie n'est qu'un dernier recours, et
nécessite en fait tous les membres de la société

लेकिन यह एकजुट कार्रवाई एक अंतिम उपाय है, और वास्तव में समाज के
सभी सदस्यों की आवश्यकता है

Le capital est converti en propriété de tous les membres de la
société

पूंजी समाज के सभी सदस्यों की संपत्ति में परिवर्तित हो जाती है

mais le Capital n'est donc pas une puissance personnelle ;
c'est un pouvoir social

लेकिन पूंजी, इसलिए, एक व्यक्तिगत शक्ति नहीं है; यह एक सामाजिक
शक्ति है

Ainsi, lorsque le capital est converti en propriété sociale, la
propriété personnelle n'est pas pour autant transformée en
propriété sociale

इसलिए जब पूंजी को सामाजिक संपत्ति में परिवर्तित किया जाता है, तो
व्यक्तिगत संपत्ति सामाजिक संपत्ति में परिवर्तित नहीं होती है

Ce n'est que le caractère social de la propriété qui est
modifié et qui perd son caractère de classe

यह केवल संपत्ति का सामाजिक चरित्र है जो बदल जाता है, और अपने वर्ग-
चरित्र को खो देता है

Regardons maintenant le travail salarié

आइए अब हम मजदूरी-श्रम को देखें

Le prix moyen du salariat est le salaire minimum, c'est-à-dire
le quantum des moyens de subsistance

मजदूरी-श्रम की औसत कीमत न्यूनतम मजदूरी है, अर्थात, निर्वाह के साधनों
की मात्रा

Ce salaire est absolument nécessaire dans la simple
existence d'un ouvrier

एक मजदूर के रूप में नंगे अस्तित्व में यह मजदूरी नितांत आवश्यक है

Ce que le salarié s'approprie par son travail ne suffit donc
qu'à prolonger et à reproduire une existence nue

इसलिए, मजदूरी-मजदूर अपने श्रम के माध्यम से जो विनियोजित करता है,
वह केवल एक नंगे अस्तित्व को लम्बा करने और पुन: उत्पन्न करने के लिए
पर्याप्त है

Nous n'avons nullement l'intention d'abolir cette
appropriation personnelle des produits du travail

हम किसी भी तरह से श्रम के उत्पादों के इस व्यक्तिगत विनियोग को समाप्त करने का इरादा नहीं रखते हैं

une appropriation qui est faite pour le maintien et la reproduction de la vie humaine

एक विनियोग जो मानव जीवन के रखरखाव और प्रजनन के लिए किया जाता है

Une telle appropriation personnelle des produits du travail ne laisse pas de surplus pour commander le travail d'autrui

श्रम के उत्पादों का ऐसा व्यक्तिगत विनियोग दूसरों के श्रम को नियंत्रित करने के लिए कोई अधिशेष नहीं छोड़ता है

Tout ce que nous voulons supprimer, c'est le caractère misérable de cette appropriation

हम केवल इस विनियोग के दयनीय चरित्र को दूर करना चाहते हैं

l'appropriation dont vit l'ouvrier dans le seul but d'augmenter son capital

ऐसा विनियोग जिसके अन्तर्गत मजदूर केवल पूंजी बढ़ाने के लिए जीवन यापन करता हो

Il n'est autorisé à vivre que dans la mesure où l'intérêt de la classe dominante l'exige

उसे केवल वहां तक रहने की अनुमति है जहां तक शासक वर्ग के हित की आवश्यकता होती है

Dans la société bourgeoise, le travail vivant n'est qu'un moyen d'augmenter le travail accumulé

बुर्जुआ समाज में, जीवित श्रम संचित श्रम को बढ़ाने का एक साधन है

Dans la société communiste, le travail accumulé n'est qu'un moyen d'élargir, d'enrichir, de promouvoir l'existence de l'ouvrier

साम्यवादी समाज में संचित श्रम मजदूर के अस्तित्व को बढ़ावा देने, समृद्ध करने और बढ़ाने का एक साधन मात्र है

C'est pourquoi, dans la société bourgeoise, le passé domine le présent

बुर्जुआ समाज में, इसलिए, अतीत वर्तमान पर हावी है

dans la société communiste, le présent domine le passé

कम्युनिस्ट समाज में वर्तमान अतीत पर हावी है

Dans la société bourgeoise, le capital est indépendant et a une individualité

बुर्जुआ समाज में पूंजी स्वतंत्र है और वैयक्तिकता है

Dans la société bourgeoise, la personne vivante est dépendante et n'a pas d'individualité

बुर्जुआ समाज में जीवित व्यक्ति निर्भर है और उसका कोई व्यक्तित्व नहीं है

Et l'abolition de cet état de choses est appelée par la bourgeoisie l'abolition de l'individualité et de la liberté !

और चीजों की इस स्थिति के उन्मूलन को पूंजीपति वर्ग द्वारा कहा जाता है, व्यक्तित्व और स्वतंत्रता का उन्मूलन!

Et c'est à juste titre qu'on l'appelle l'abolition de l'individualité et de la liberté !

और इसे सही मायने में व्यक्तित्व और स्वतंत्रता का उन्मूलन कहा जाता है!

Le communisme vise à l'abolition de l'individualité bourgeoise

साम्यवाद का उद्देश्य बुर्जुआ व्यक्तित्व का उन्मूलन है

Le communisme veut l'abolition de l'indépendance de la bourgeoisie

साम्यवाद बुर्जुआ स्वतंत्रता के उन्मूलन के लिए इरादा रखता है

La liberté de la bourgeoisie est sans aucun doute ce que vise le communisme

बुर्जुआ स्वतंत्रता निस्संदेह साम्यवाद का लक्ष्य है

dans les conditions actuelles de production de la bourgeoisie, la liberté signifie le libre-échange, la liberté de vendre et d'acheter

उत्पादन की वर्तमान बुर्जुआ परिस्थितियों के तहत, स्वतंत्रता का अर्थ है मुक्त व्यापार, मुक्त बिक्री और खरीद

Mais si la vente et l'achat disparaissent, la vente et l'achat gratuits disparaissent également

लेकिन अगर बेचना और खरीदना गायब हो जाता है, तो मुफ्त बिक्री और खरीद भी गायब हो जाती है

Les « paroles courageuses » de la bourgeoisie sur la vente et l'achat libres n'ont qu'un sens limité

पूंजीपति वर्ग द्वारा मुफ्त बिक्री और खरीद के बारे में "बहादुर शब्द" केवल सीमित अर्थों में अर्थ रखते हैं

Ces mots n'ont de sens que par opposition à la vente et à l'achat restreints

इन शब्दों का अर्थ केवल प्रतिबंधित बिक्री और खरीद के विपरीत है

et ces mots n'ont de sens que lorsqu'ils s'appliquent aux
marchands enchaînés du moyen âge
और इन शब्दों का अर्थ केवल तभी होता है जब मध्य युग के बंधे हुए
व्यापारियों पर लागू किया जाता है
et cela suppose que ces mots aient même un sens dans un
sens bourgeois
और यह मानता है कि इन शब्दों का बुर्जुआ अर्थ में भी अर्थ है
mais ces mots n'ont aucun sens lorsqu'ils sont utilisés pour
s'opposer à l'abolition communiste de l'achat et de la vente
लेकिन इन शब्दों का कोई अर्थ नहीं है जब उनका उपयोग खरीदने और
बेचने के साम्यवादी उन्मूलन का विरोध करने के लिए किया जा रहा है
les mots n'ont pas de sens lorsqu'ils sont utilisés pour
s'opposer à l'abolition des conditions de production de la
bourgeoisie
इन शब्दों का कोई अर्थ नहीं है जब उनका उपयोग उत्पादन की बुर्जुआ शर्तों
को समाप्त करने का विरोध करने के लिए किया जा रहा है
et ils n'ont aucun sens lorsqu'ils sont utilisés pour s'opposer
à l'abolition de la bourgeoisie elle-même
और उनका कोई मतलब नहीं है जब उनका इस्तेमाल पूंजीपति वर्ग को
समाप्त करने का विरोध करने के लिए किया जा रहा है
Vous êtes horrifiés par notre intention d'en finir avec la
propriété privée
आप निजी संपत्ति को खत्म करने के हमारे इरादे से भयभीत हैं
Mais dans votre société actuelle, la propriété privée est déjà
abolie pour les neuf dixièmes de la population
लेकिन आपके मौजूदा समाज में, निजी संपत्ति पहले से ही आबादी के नौ-
दसवें हिस्से के लिए दूर हो गई है
L'existence d'une propriété privée pour quelques-uns est
uniquement due à sa non-existence entre les mains des neuf
dixièmes de la population
कुछ के लिए निजी संपत्ति का अस्तित्व पूरी तरह से आबादी के नौ-दसवें
हिस्से के हाथों में इसकी गैर-मौजूदगी के कारण है
Vous nous reprochez donc d'avoir l'intention de supprimer
une forme de propriété
इसलिए, आप हमें संपत्ति के एक रूप को समाप्त करने के इरादे से फटकार
लगाते हैं

Mais la propriété privée nécessite l'inexistence de toute propriété pour l'immense majorité de la société

लेकिन निजी संपत्ति के लिए समाज के विशाल बहुमत के लिए किसी भी संपत्ति के गैर-अस्तित्व की आवश्यकता होती है

En un mot, vous nous reprochez d'avoir l'intention de vous débarrasser de vos biens

एक शब्द में, आप अपनी संपत्ति को दूर करने के इरादे से हमें फटकार लगाते हैं

Et c'est précisément le cas ; se débarrasser de votre propriété est exactement ce que nous avons l'intention de faire

और ठीक ऐसा ही है; अपनी संपत्ति को दूर करना वही है जो हम चाहते हैं

À partir du moment où le travail ne peut plus être converti en capital, en argent ou en rente

उस क्षण से जब श्रम को अब पूंजी, धन या किराए में परिवर्तित नहीं किया जा सकता है

quand le travail ne peut plus être converti en un pouvoir social monopolisé

जब श्रम को अब एकाधिकार करने में सक्षम सामाजिक शक्ति में परिवर्तित नहीं किया जा सकता है

à partir du moment où la propriété individuelle ne peut plus être transformée en propriété bourgeoise

उस क्षण से जब व्यक्तिगत संपत्ति को अब बुर्जुआ संपत्ति में परिवर्तित नहीं किया जा सकता है

à partir du moment où la propriété individuelle ne peut plus être transformée en capital

उस क्षण से जब व्यक्तिगत संपत्ति को अब पूंजी में परिवर्तित नहीं किया जा सकता है

À partir de ce moment-là, vous dites que l'individualité s'évanouit

उस क्षण से, आप कहते हैं कि व्यक्तित्व गायब हो जाता है

Vous devez donc avouer que par « individu » vous n'entendez personne d'autre que la bourgeoisie

इसलिए, आपको स्वीकार करना चाहिए कि "व्यक्ति" से आपका मतलब पूंजीपति वर्ग के अलावा किसी अन्य व्यक्ति से नहीं है

Vous devez avouer qu'il s'agit spécifiquement du propriétaire de la classe moyenne

आपको स्वीकार करना चाहिए कि यह विशेष रूप से संपत्ति के मध्यम वर्ग के मालिक को संदर्भित करता है

Cette personne doit, en effet, être balayée et rendue impossible

इस व्यक्ति को, वास्तव में, रास्ते से हटा दिया जाना चाहिए, और असंभव बना दिया जाना चाहिए

Le communisme ne prive personne du pouvoir de s'approprier les produits de la société

साम्यवाद किसी भी व्यक्ति को समाज के उत्पादों को विनियोजित करने की शक्ति से वंचित नहीं करता है

tout ce que fait le communisme, c'est de le priver du pouvoir de subjuguer le travail d'autrui au moyen d'une telle appropriation

साम्यवाद जो कुछ भी करता है वह उसे इस तरह के विनियोग के माध्यम से दूसरों के श्रम को अधीन करने की शक्ति से वंचित करता है

On a objecté qu'avec l'abolition de la propriété privée, tout travail cesserait

यह आपत्ति की गई है कि निजी संपत्ति के उन्मूलन पर सभी काम बंद हो जाएंगे

et il est alors suggéré que la paresse universelle nous rattrapera

और फिर यह सुझाव दिया जाता है कि सार्वभौमिक आलस्य हम पर हावी हो जाएगा

D'après cela, il y a longtemps que la société bourgeoise aurait dû aller aux chiens par pure oisiveté

इसके अनुसार, बुर्जुआ समाज को बहुत पहले ही आलस्य के माध्यम से कुत्तों के पास जाना चाहिए था

parce que ceux de ses membres qui travaillent, n'acquièrent rien

क्योंकि इसके सदस्यों में से जो काम करते हैं, उन्हें कुछ भी हासिल नहीं होता है

et ceux de ses membres qui acquièrent quoi que ce soit, ne travaillent pas

और इसके सदस्यों में से जो कुछ भी हासिल करते हैं, वे काम नहीं करते हैं

L'ensemble de cette objection n'est qu'une autre expression de la tautologie

यह पूरी आपत्ति टॉटोलॉजी की एक और अभिव्यक्ति है

Il ne peut plus y avoir de travail salarié quand il n'y a plus de capital

जब तक कोई पूंजी नहीं है तब तक कोई मजदूरी-श्रम नहीं हो सकता

Il n'y a pas de différence entre les produits matériels et les produits mentaux

भौतिक उत्पादों और मानसिक उत्पादों के बीच कोई अंतर नहीं है

Le communisme propose que les deux soient produits de la même manière

साम्यवाद का प्रस्ताव है कि ये दोनों एक ही तरह से निर्मित होते हैं

mais les objections contre les modes communistes de production sont les mêmes

लेकिन इनके उत्पादन के साम्यवादी तरीकों के खिलाफ आपत्तियां समान हैं

pour la bourgeoisie, la disparition de la propriété de classe est la disparition de la production elle-même

पूंजीपति वर्ग के लिए वर्ग संपत्ति का गायब होना उत्पादन का ही गायब होना है

Ainsi, la disparition de la culture de classe est pour lui identique à la disparition de toute culture

इसलिए वर्ग संस्कृति का गायब होना उसके लिए सभी संस्कृति के गायब होने के समान है

Cette culture, dont il déplore la perte, n'est pour l'immense majorité qu'un simple entraînement à agir comme une machine

वह संस्कृति, जिसके नुकसान का वह अफसोस करता है, विशाल बहुमत के लिए एक मशीन के रूप में कार्य करने के लिए एक मात्र प्रशिक्षण है

Les communistes ont bien l'intention d'abolir la culture de la propriété bourgeoise

कम्युनिस्ट बुर्जुआ संपत्ति की संस्कृति को खत्म करने का इरादा रखते हैं

Mais ne vous querellez pas avec nous tant que vous appliquez les normes de vos notions bourgeoises de liberté, de culture, de droit, etc

लेकिन जब तक आप स्वतंत्रता, संस्कृति, कानून आदि के अपने बुर्जुआ विचारों के मानक को लागू नहीं करते हैं, तब तक हमारे साथ झगड़ा न करें

Vos idées mêmes ne sont que le résultat des conditions de votre production bourgeoise et de la propriété bourgeoise

आपके विचार ही आपके बुर्जुआ उत्पादन और बुर्जुआ संपत्ति की स्थितियों का परिणाम हैं

de même que votre jurisprudence n'est que la volonté de
votre classe érigée en loi pour tous
जैसा कि आपका न्यायशास्त्र है, लेकिन आपके वर्ग की इच्छा को सभी के
लिए एक कानून बनाया गया है
Le caractère essentiel et l'orientation de cette volonté sont
déterminés par les conditions économiques créées par votre
classe sociale
इस वसीयत का आवश्यक चरित्र और दिशा आपके सामाजिक वर्ग द्वारा
बनाई गई आर्थिक स्थितियों से निर्धारित होती है
L'idée fausse égoïste qui vous pousse à transformer les
formes sociales en lois éternelles de la nature et de la raison
स्वार्थी गलत धारणा जो आपको सामाजिक रूपों को प्रकृति और तर्क के
शाश्वत नियमों में बदलने के लिए प्रेरित करती है
les formes sociales qui découlent de votre mode de
production et de votre forme de propriété actuels
आपके उत्पादन के वर्तमान तरीके और संपत्ति के रूप से उत्पन्न सामाजिक
रूप
des rapports historiques qui naissent et disparaissent dans le
progrès de la production
ऐतिहासिक संबंध जो उत्पादन की प्रगति में उठते और गायब होते हैं
cette idée fausse que vous partagez avec toutes les classes
dirigeantes qui vous ont précédés
यह गलत धारणा आप हर शासक वर्ग के साथ साझा करते हैं जो आपसे
पहले आई है
Ce que vous voyez clairement dans le cas de la propriété
ancienne, ce que vous admettez dans le cas de la propriété
féodale
प्राचीन संपत्ति के मामले में आप जो स्पष्ट रूप से देखते हैं, सामंती संपत्ति के
मामले में आप क्या स्वीकार करते हैं
ces choses, il vous est bien entendu interdit de les admettre
dans le cas de votre propre forme de propriété bourgeoise
इन चीजों को आप निश्चित रूप से संपत्ति के अपने पूंजीपति वर्ग के रूप में
स्वीकार करने से मना करते हैं
Abolition de la famille ! Même les plus radicaux
s'enflamment devant cette infâme proposition des
communistes

परिवार का उन्मूलन! यहां तक कि कम्युनिस्टों के इस कुख्यात प्रस्ताव पर सबसे कट्टरपंथी भड़क गए

Sur quelle base se fonde la famille actuelle, la famille bourgeoise ?

वर्तमान परिवार, बुर्जुआ परिवार, किस आधार पर आधारित है?

La fondation de la famille actuelle est basée sur le capital et le gain privé

वर्तमान परिवार की नींव पूंजी और निजी लाभ पर आधारित है

Sous sa forme complètement développée, cette famille n'existe que dans la bourgeoisie

अपने पूर्ण विकसित रूप में यह परिवार केवल बुर्जुआ वर्ग के बीच ही मौजूद है

Cet état de choses trouve son complément dans l'absence pratique de la famille chez les prolétaires

सर्वहारा वर्ग के बीच परिवार की व्यावहारिक अनुपस्थिति में चीजों की यह स्थिति अपना पूरक पाती है

Cet état de choses se retrouve dans la prostitution publique

चीजों की यह स्थिति सार्वजनिक वेश्यावृत्ति में पाई जा सकती है

La famille bourgeoise disparaîtra d'office quand son effectif disparaîtra

पूंजीपति परिवार निश्चित रूप से गायब हो जाएगा जब इसका पूरक गायब हो जाएगा

et l'une et l'autre s'évanouiront avec la disparition du capital

और ये दोनों पूंजी के लुप्त होने के साथ गायब हो जाएंगे

Nous accusez-vous de vouloir mettre fin à l'exploitation des enfants par leurs parents ?

क्या आप हम पर आरोप लगाते हैं कि हम अपने माता-पिता द्वारा बच्चों के शोषण को रोकना चाहते हैं?

Nous plaidons coupables de ce crime

इस अपराध के लिए हम दोषी मानते हैं

Mais, direz-vous, on détruit les relations les plus sacrées, quand on remplace l'éducation à domicile par l'éducation sociale

लेकिन, आप कहेंगे कि जब हम गृह शिक्षा को सामाजिक शिक्षा से प्रतिस्थापित करते हैं तो हम सबसे पवित्र संबंधों को नष्ट कर देते हैं

Votre éducation n'est-elle pas aussi sociale ? Et n'est-elle pas déterminée par les conditions sociales dans lesquelles vous éduquez ?

क्या आपकी शिक्षा भी सामाजिक नहीं है? और क्या यह उन सामाजिक परिस्थितियों से निर्धारित नहीं होता है जिनके तहत आप शिक्षित होते हैं?

par l'intervention, directe ou indirecte, de la société, par le biais de l'école, etc.

हस्तक्षेप, प्रत्यक्ष या अप्रत्यक्ष रूप से, समाज के, स्कूलों के माध्यम से, आदि।

Les communistes n'ont pas inventé l'intervention de la société dans l'éducation

कम्युनिस्टों ने शिक्षा में समाज के हस्तक्षेप का आविष्कार नहीं किया है

ils ne cherchent qu'à modifier le caractère de cette intervention

वे करते हैं लेकिन उस हस्तक्षेप के चरित्र को बदलना चाहते हैं

et ils cherchent à sauver l'éducation de l'influence de la classe dirigeante

और वे शासक वर्ग के प्रभाव से शिक्षा को बचाना चाहते हैं

La bourgeoisie parle de la relation sacrée du parent et de l'enfant

पूंजीपति माता-पिता और बच्चे के पवित्र सह-संबंध की बात करते हैं

mais ce baratin sur la famille et l'éducation devient d'autant plus répugnant quand on regarde l'industrie moderne

लेकिन परिवार और शिक्षा के बारे में यह ताली-जाल तब और अधिक घृणित हो जाता है जब हम आधुनिक उद्योग को देखते हैं

Tous les liens familiaux entre les prolétaires sont déchirés par l'industrie moderne

सर्वहारा वर्ग के बीच सभी पारिवारिक संबंध आधुनिक उद्योग द्वारा तोड़ दिए गए हैं

Leurs enfants sont transformés en simples objets de commerce et en instruments de travail

उनके बच्चे वाणिज्य के सरल लेखों और श्रम के उपकरणों में बदल जाते हैं

Mais vous, communistes, vous créeriez une communauté de femmes, crie en chœur toute la bourgeoisie

लेकिन आप कम्युनिस्ट महिलाओं का एक समुदाय बनाएंगे, कोरस में पूरे पूंजीपति वर्ग को चिल्लाते हैं

La bourgeoisie ne voit en sa femme qu'un instrument de production

पूंजीपति वर्ग अपनी पत्नी में उत्पादन का एक साधन मात्र देखता है

Il entend dire que les instruments de production doivent être exploités par tous

वह सुनता है कि उत्पादन के साधनों का सभी द्वारा शोषण किया जाना है

et, naturellement, il ne peut arriver à aucune autre conclusion que celle d'être commun à tous retombera également sur les femmes

और, स्वाभाविक रूप से, वह इसके अलावा किसी अन्य निष्कर्ष पर नहीं आ सकता है कि सभी के लिए सामान्य होने का बहुत कुछ महिलाओं के लिए भी गिर जाएगा

Il ne soupçonne même pas qu'il s'agit en fait d'en finir avec le statut de la femme en tant que simple instrument de production

उन्हें इस बात में जरा भी संदेह नहीं है कि असली मुद्दा महिलाओं को महज उत्पादन के साधन के रूप में दिए जाने वाले रुतबे को खत्म करना है

Du reste, rien n'est plus ridicule que l'indignation vertueuse de notre bourgeoisie contre la communauté des femmes

बाकी के लिए, महिलाओं के समुदाय पर हमारे पूंजीपति वर्ग के पुण्य आक्रोश से ज्यादा हास्यास्पद कुछ भी नहीं है

ils prétendent qu'elle doit être établie ouvertement et officiellement par les communistes

वे दिखावा करते हैं कि यह कम्युनिस्टों द्वारा खुले तौर पर और आधिकारिक तौर पर स्थापित किया जाना है

Les communistes n'ont pas besoin d'introduire la communauté des femmes, elle existe depuis des temps immémoriaux

कम्युनिस्टों को महिलाओं के समुदाय को पेश करने की कोई आवश्यकता नहीं है, यह लगभग अनादि काल से अस्तित्व में है

Notre bourgeoisie ne se contente pas d'avoir à sa disposition les femmes et les filles de ses prolétaires

हमारे पूंजीपति वर्ग अपने सर्वहारा वर्ग की पत्नियों और बेटियों को अपने निपटान में रखने से संतुष्ट नहीं हैं

Ils prennent le plus grand plaisir à séduire les femmes de l'autre

वे एक-दूसरे की पत्नियों को बहकाने में सबसे ज्यादा आनंद लेते हैं

Et cela ne parle même pas des prostituées ordinaires
और यह आम वेश्याओं की बात करने के लिए भी नहीं है

Le mariage bourgeois est en réalité un système d'épouses en commun
बुर्जुआ विवाह वास्तव में आम तौर पर पत्नियों की एक प्रणाली है

puis il y a une chose qu'on pourrait peut-être reprocher aux communistes
तो एक बात है कि कम्युनिस्टों को संभवतः फटकार लगाई जा सकती है

Ils souhaitent introduire une communauté de femmes ouvertement légalisée
वे महिलाओं के एक खुले तौर पर वैध समुदाय को पेश करना चाहते हैं

plutôt qu'une communauté de femmes hypocritement dissimulée
बल्कि महिलाओं के एक पाखंडी रूप से छिपे हुए समुदाय के बजाय

la communauté des femmes issues du système de production
उत्पादन की व्यवस्था से उगता हुआ महिलाओं का समुदाय

Abolissez le système de production, et vous abolissez la communauté des femmes
उत्पादन की प्रणाली को समाप्त करो, और तुम महिलाओं के समुदाय को समाप्त कर दो

La prostitution publique est abolie et la prostitution privée
सार्वजनिक वेश्यावृत्ति दोनों को समाप्त कर दिया गया है, और निजी वेश्यावृत्ति

On reproche en outre aux communistes de vouloir abolir les pays et les nationalités
कम्युनिस्टों को देशों और राष्ट्रीयता को खत्म करने की इच्छा के साथ और अधिक तिरस्कृत किया जाता है

Les travailleurs n'ont pas de patrie, nous ne pouvons donc pas leur prendre ce qu'ils n'ont pas
मेहनतकश लोगों का कोई देश नहीं होता, इसलिए हम उनसे वह नहीं ले सकते जो उन्हें नहीं मिला है

Le prolétariat doit d'abord acquérir la suprématie politique
सर्वहारा वर्ग को सबसे पहले राजनीतिक वर्चस्व हासिल करना होगा

Le prolétariat doit s'élever pour être la classe dirigeante de la nation
सर्वहारा वर्ग को राष्ट्र का अग्रणी वर्ग बनना होगा

Le prolétariat doit se constituer en nation

सर्वहारा वर्ग को स्वयं को राष्ट्र बनाना होगा

elle est, jusqu'à présent, elle-même nationale, mais pas dans le sens bourgeois du mot

यह अब तक, खुद राष्ट्रीय है, हालांकि शब्द के पूंजीपति अर्थ में नहीं है

Les différences nationales et les antagonismes entre les peuples s'estompent chaque jour davantage

लोगों के बीच राष्ट्रीय मतभेद और विरोध दिन-प्रतिदिन अधिक से अधिक गायब हो रहे हैं

grâce au développement de la bourgeoisie, à la liberté du commerce, au marché mondial

पूंजीपति वर्ग के विकास के कारण, वाणिज्य की स्वतंत्रता के लिए, विश्व-बाजार के लिए

à l'uniformité du mode de production et des conditions de vie qui y correspondent

उत्पादन के तरीके में और उसके अनुरूप जीवन की स्थितियों में एकरूपता के लिए

La suprématie du prolétariat les fera disparaître encore plus vite

सर्वहारा वर्ग की सर्वोच्चता उन्हें और भी तेजी से गायब कर देगी

L'action unie, du moins dans les principaux pays civilisés, est une des premières conditions de l'émancipation du prolétariat

कम से कम अग्रणी सभ्य देशों की एकजुट कार्रवाई, सर्वहारा वर्ग की मुक्ति के लिए पहली शर्तों में से एक है

Dans la mesure où l'exploitation d'un individu par un autre prendra fin, l'exploitation d'une nation par une autre prendra également fin à

जिस अनुपात में एक व्यक्ति द्वारा दूसरे व्यक्ति के शोषण को समाप्त किया जाता है, उसी अनुपात में एक राष्ट्र द्वारा दूसरे राष्ट्र के शोषण को भी समाप्त कर दिया जाएगा

À mesure que l'antagonisme entre les classes à l'intérieur de la nation disparaîtra, l'hostilité d'une nation envers une autre prendra fin

जिस अनुपात में राष्ट्र के भीतर वर्गों के बीच शत्रुता गायब हो जाएगी, उसी अनुपात में एक राष्ट्र की दूसरे राष्ट्र के प्रति शत्रुता समाप्त हो जाएगी

Les accusations portées contre le communisme d'un point de vue religieux, philosophique et, en général, idéologique, ne méritent pas d'être examinées sérieusement

साम्यवाद के खिलाफ धार्मिक, दार्शनिक और आम तौर पर वैचारिक दृष्टिकोण से लगाए गए आरोप गंभीर परीक्षा के योग्य नहीं हैं

Faut-il une intuition profonde pour comprendre que les idées, les vues et les conceptions de l'homme changent à chaque changement dans les conditions de son existence matérielle ?

क्या यह समझने के लिए गहन अंतर्ज्ञान की आवश्यकता है कि मनुष्य के विचार, दृष्टिकोण और धारणाएँ उसके भौतिक अस्तित्व की स्थितियों में हर बदलाव के साथ बदलती हैं?

N'est-il pas évident que la conscience de l'homme change lorsque ses relations sociales et sa vie sociale changent ?

क्या यह स्पष्ट नहीं है कि मनुष्य की चेतना तब बदलती है जब उसके सामाजिक संबंध और उसका सामाजिक जीवन बदलता है?

Qu'est-ce que l'histoire des idées prouve d'autre, sinon que la production intellectuelle change de caractère à mesure que la production matérielle se modifie ?

विचारों का इतिहास इससे अधिक और क्या साबित करता है कि बौद्धिक उत्पादन अपने चरित्र को उसी अनुपात में बदलता है जिस अनुपात में भौतिक उत्पादन बदलता है?

Les idées dominantes de chaque époque ont toujours été les idées de sa classe dirigeante

प्रत्येक युग के शासक विचार हमेशा से उसके शासक वर्ग के विचार रहे हैं

Quand on parle d'idées qui révolutionnent la société, on n'exprime qu'un seul fait

जब लोग समाज में क्रांति लाने वाले विचारों की बात करते हैं, तो वे केवल एक तथ्य व्यक्त करते हैं

Au sein de l'ancienne société, les éléments d'une nouvelle société ont été créés

पुराने समाज के भीतर, एक नए के तत्व बनाए गए हैं

et que la dissolution des vieilles idées va de pair avec la dissolution des anciennes conditions d'existence

और यह कि पुराने विचारों का विघटन अस्तित्व की पुरानी स्थितियों के विघटन के साथ तालमेल बिठाता है

Lorsque le monde antique était dans ses dernières affresses, les anciennes religions ont été vaincues par le christianisme

जब प्राचीन दुनिया अपने अंतिम चरण में थी, तो प्राचीन धर्मों को ईसाई धर्म ने दूर कर दिया था

Lorsque les idées chrétiennes ont succombé au XVIIIe siècle aux idées rationalistes, la société féodale a mené une bataille à mort contre la bourgeoisie alors révolutionnaire

जब 18 वीं शताब्दी में ईसाई विचारों ने तर्कवादी विचारों के आगे घुटने टेक दिए, तो सामंती समाज ने तत्कालीन क्रांतिकारी पूंजीपति वर्ग के साथ अपनी मौत की लड़ाई लड़ी

Les idées de liberté religieuse et de liberté de conscience n'ont fait qu'exprimer l'emprise de la libre concurrence dans le domaine de la connaissance

धार्मिक स्वतंत्रता और अंतरात्मा की स्वतंत्रता के विचारों ने केवल ज्ञान के क्षेत्र में मुक्त प्रतिस्पर्धा के बोलबाला को अभिव्यक्ति दी

« Sans doute, dira-t-on, les idées religieuses, morales, philosophiques et juridiques ont été modifiées au cours du développement historique »

"निस्संदेह," यह कहा जाएगा, "ऐतिहासिक विकास के दौरान धार्मिक, नैतिक, दार्शनिक और न्यायिक विचारों को संशोधित किया गया है"

Mais la religion, la morale, la philosophie, la science politique et le droit ont constamment survécu à ce changement.

"लेकिन धर्म, नैतिकता, दर्शन, राजनीति विज्ञान और कानून, लगातार इस परिवर्तन से बचे रहे"

« Il y a aussi des vérités éternelles, telles que la Liberté, la Justice, etc. »

"शाश्वत सत्य भी हैं, जैसे स्वतंत्रता, न्याय, आदि"

« Ces vérités éternelles sont communes à tous les états de la société »

"ये शाश्वत सत्य समाज के सभी राज्यों के लिए आम हैं"

« Mais le communisme abolit les vérités éternelles, il abolit toute religion et toute morale »

लेकिन साम्यवाद शाश्वत सत्यों को समाप्त करता है, यह सभी धर्मों और सभी नैतिकता को समाप्त करता है।

« il fait cela au lieu de les constituer sur une nouvelle base »

"यह उन्हें एक नए आधार पर गठित करने के बजाय ऐसा करता है"

« Elle agit donc en contradiction avec toute l'expérience historique passée »

"इसलिए यह पिछले सभी ऐतिहासिक अनुभवों के विपरीत कार्य करता है"

À quoi se réduit cette accusation ?

यह आरोप खुद को क्या कम करता है?

L'histoire de toute la société passée a consisté dans le développement d'antagonismes de classe

सभी पिछले समाज का इतिहास वर्ग विरोधों के विकास में शामिल है

antagonismes qui ont pris des formes différentes selon les époques

अलग-अलग युगों में अलग-अलग रूप धारण करने वाले विरोध

Mais quelle que soit la forme qu'ils aient prise, un fait est commun à tous les âges passés

लेकिन उन्होंने जो भी रूप लिया हो, एक तथ्य सभी पिछले युगों के लिए सामान्य है

l'exploitation d'une partie de la société par l'autre

समाज के एक हिस्से का दूसरे हिस्से द्वारा शोषण

Il n'est donc pas étonnant que la conscience sociale des âges passés se meuve à l'intérieur de certaines formes communes ou d'idées générales

कोई आश्चर्य नहीं, फिर, कि पिछले युगों की सामाजिक चेतना कुछ सामान्य रूपों, या सामान्य विचारों के भीतर चलती है

(et ce, malgré toute la multiplicité et la variété qu'il affiche)

(और यह सभी बहुलता और विविधता के बावजूद प्रदर्शित होता है)

et ceux-ci ne peuvent disparaître complètement qu'avec la disparition totale des antagonismes de classe

और ये वर्ग विरोधों के पूरी तरह से गायब होने के बिना पूरी तरह से गायब नहीं हो सकते हैं

La révolution communiste est la rupture la plus radicale avec les rapports de propriété traditionnels

कम्युनिस्ट क्रांति पारंपरिक संपत्ति संबंधों के साथ सबसे कट्टरपंथी टूटना है

Il n'est donc pas étonnant que son développement implique la rupture la plus radicale avec les idées traditionnelles

कोई आश्चर्य नहीं कि इसके विकास में पारंपरिक विचारों के साथ सबसे कट्टरपंथी टूटना शामिल है

Mais finissons-en avec les objections de la bourgeoisie contre le communisme

लेकिन हमें साम्यवाद के लिए पूंजीपति आपत्तियों के साथ किया है

Nous avons vu plus haut le premier pas de la révolution de la classe ouvrière

हमने मज़दूर वर्ग द्वारा क्रांति के पहले कदम को ऊपर देखा है

Le prolétariat doit être élevé à la position de dirigeant, pour gagner la bataille de la démocratie

सर्वहारा वर्ग को शासन करने की स्थिति में लाना होगा, लोकतंत्र की लड़ाई जीतनी होगी

Le prolétariat usera de sa suprématie politique pour arracher peu à peu tout le capital à la bourgeoisie

सर्वहारा वर्ग अपने राजनीतिक वर्चस्व का उपयोग पूंजीपति वर्ग से सारी पूंजी छीनने के लिए करेगा

elle centralisera tous les instruments de production entre les mains de l'État

यह उत्पादन के सभी साधनों को राज्य के हाथों में केंद्रीकृत करेगा

En d'autres termes, le prolétariat s'est organisé en classe dominante

दूसरे शब्दों में, सर्वहारा शासक वर्ग के रूप में संगठित

et elle augmentera le plus rapidement possible le total des forces productives

और यह जितनी जल्दी हो सके उत्पादक शक्तियों की कुल वृद्धि करेगा

Bien sûr, au début, cela ne peut se faire qu'au moyen d'incursions despotiques dans les droits de propriété

बेशक, शुरुआत में, यह संपत्ति के अधिकारों पर निरंकुश अतिक्रमण के माध्यम से छोड़कर प्रभावित नहीं किया जा सकता है

et elle doit être réalisée dans les conditions de la production bourgeoise

और इसे बुर्जुआ उत्पादन की शर्तों पर हासिल करना होगा

Elle est donc réalisée au moyen de mesures qui semblent économiquement insuffisantes et intenables

यह उपायों के माध्यम से प्राप्त किया जाता है, इसलिए, जो आर्थिक रूप से अपर्याप्त और अस्थिर दिखाई देते हैं

mais ces moyens, dans le cours du mouvement, se dépassent d'eux-mêmes

लेकिन इसका मतलब है, आंदोलन के दौरान, खुद को पीछे छोड़ दें

elles nécessitent de nouvelles incursions dans l'ancien ordre social

उन्हें पुरानी सामाजिक व्यवस्था पर और अधिक अतिक्रमण करने की आवश्यकता है

et ils sont inévitables comme moyen de révolutionner entièrement le mode de production

और वे उत्पादन के तरीके में पूरी तरह से क्रांति लाने के साधन के रूप में अपरिहार्य हैं

Ces mesures seront bien sûr différentes selon les pays

ये उपाय निश्चित रूप से अलग-अलग देशों में अलग-अलग होंगे

Néanmoins, dans les pays les plus avancés, ce qui suit sera assez généralement applicable

फिर भी सबसे उन्नत देशों में, निम्नलिखित आम तौर पर लागू होंगे

1. L'abolition de la propriété foncière et l'affectation de toutes les rentes foncières à des fins publiques.

1. भूमि में संपत्ति का उन्मूलन और सार्वजनिक उद्देश्यों के लिए भूमि के सभी किराए का उपयोग।

2. Un impôt sur le revenu progressif ou progressif lourd.

2. एक भारी प्रगतिशील या स्नातक आयकर।

3. Abolition de tout droit d'héritage.

3. विरासत के सभी अधिकारों का उन्मूलन।

4. Confiscation des biens de tous les émigrés et rebelles.

4. सभी प्रवासियों और विद्रोहियों की संपत्ति की जब्ती।

5. Centralisation du crédit entre les mains de l'État, au moyen d'une banque nationale à capital d'État et monopole exclusif.

5. राज्य के हाथों में ऋण का केंद्रीकरण, राज्य पूंजी के साथ एक राष्ट्रीय बैंक और एक अनन्य एकाधिकार के माध्यम से।

6. Centralisation des moyens de communication et de transport entre les mains de l'État.

6. संचार और परिवहन के साधनों का राज्य के हाथों में केन्द्रीयकरण।

7. Extension des usines et des instruments de production appartenant à l'État

7. राज्य के स्वामित्व वाले कारखानों और उत्पादन के उपकरणों का विस्तार

la mise en culture des terres incultes, et l'amélioration du sol en général d'après un plan commun.

बंजर भूमि की खेती में लाना, और आम तौर पर एक सामान्य योजना के अनुसार मिट्टी का सुधार।

8. Responsabilité égale de tous vis-à-vis du travail

8. श्रम के प्रति सभी का समान दायित्व

Mise en place d'armées industrielles, notamment pour l'agriculture.

विशेष रूप से कृषि के लिए औद्योगिक सेनाओं की स्थापना।

9. Combinaison de l'agriculture et des industries manufacturières

9. विनिर्माण उद्योगों के साथ कृषि का संयोजन

l'abolition progressive de la distinction entre la ville et la campagne, par une répartition plus égale de la population sur le territoire.

देश भर में जनसंख्या के अधिक समान वितरण द्वारा शहर और देश के बीच अंतर का क्रमिक उन्मूलन।

10. Gratuité de l'éducation pour tous les enfants dans les écoles publiques.

10. पब्लिक स्कूलों में सभी बच्चों के लिए मुफ्त शिक्षा।

Abolition du travail des enfants dans les usines sous sa forme actuelle

अपने वर्तमान स्वरूप में बच्चों के कारखाने के श्रम का उन्मूलन

Combinaison de l'éducation et de la production industrielle

औद्योगिक उत्पादन के साथ शिक्षा का संयोजन

Quand, au cours du développement, les distinctions de classe ont disparu

जबकि, विकास के क्रम में, वर्ग भेद गायब हो गए हैं

et quand toute la production aura été concentrée entre les mains d'une vaste association de toute la nation

और जब सारा उत्पादन पूरे देश के विशाल संघ के हाथों में केंद्रित हो गया है

alors la puissance publique perdra son caractère politique

तब सार्वजनिक शक्ति अपना राजनीतिक चरित्र खो देगी

Le pouvoir politique, proprement dit, n'est que le pouvoir organisé d'une classe pour en opprimer une autre

राजनीतिक शक्ति, ठीक से तथाकथित, केवल एक वर्ग की दूसरे पर अत्याचार करने के लिए संगठित शक्ति है

Si le prolétariat, dans sa lutte contre la bourgeoisie, est contraint, par la force des choses, de s'organiser en classe

यदि सर्वहारा वर्ग बुर्जुआ वर्ग के साथ अपनी प्रतिस्पर्धा के दौरान, परिस्थितियों के बल पर, खुद को एक वर्ग के रूप में संगठित करने के लिए मजबूर हो जाता है

si, par une révolution, elle se fait la classe dominante

यदि, एक क्रांति के माध्यम से, यह खुद को शासक वर्ग बनाता है

et, en tant que telle, elle balaie par la force les anciennes conditions de production

और, इस तरह, यह उत्पादन की पुरानी स्थितियों को बलपूर्वक दूर कर देता है

alors, avec ces conditions, elle aura balayé les conditions d'existence des antagonismes de classes et des classes en général

तब यह इन स्थितियों के साथ-साथ वर्ग विरोधों और आम तौर पर वर्गों के अस्तित्व की शर्तों को मिटा देगा

et aura ainsi aboli sa propre suprématie en tant que classe.

और इस तरह एक वर्ग के रूप में अपने स्वयं के वर्चस्व को समाप्त कर दिया होगा।

A la place de l'ancienne société bourgeoise, avec ses classes et ses antagonismes de classes, nous aurons une association

पुराने बुर्जुआ समाज के स्थान पर, अपने वर्गों और वर्ग विरोधों के साथ, हमारा एक संघ होगा

une association dans laquelle le libre développement de chacun est la condition du libre développement de tous

एक संघ जिसमें प्रत्येक का मुक्त विकास सभी के मुक्त विकास की शर्त है

1) Le socialisme réactionnaire
1) प्रतिक्रियावादी समाजवाद

a) Le socialisme féodal
a) सामंती समाजवाद

les aristocraties de France et d'Angleterre avaient une position historique unique
फ्रांस और इंग्लैंड के अभिजात वर्ग की एक अद्वितीय ऐतिहासिक स्थिति थी
c'est devenu leur vocation d'écrire des pamphlets contre la société bourgeoise moderne
आधुनिक बुर्जुआ समाज के खिलाफ पर्चे लिखना उनका पेशा बन गया
Dans la révolution française de juillet 1830 et dans l'agitation réformiste anglaise
जुलाई 1830 की फ्रांसीसी क्रांति में, और अंग्रेजी सुधार आंदोलन में
Ces aristocraties succombèrent de nouveau à l'odieux parvenu
इन अभिजात वर्ग ने फिर से घृणित अपस्टार्ट के आगे घुटने टेक दिए
Dès lors, il n'était plus question d'une lutte politique sérieuse
इसके बाद, एक गंभीर राजनीतिक प्रतियोगिता पूरी तरह से सवाल से बाहर थी
Tout ce qui restait possible, c'était une bataille littéraire, pas une véritable bataille
जो कुछ भी संभव था वह साहित्यिक लड़ाई थी, वास्तविक लड़ाई नहीं
Mais même dans le domaine de la littérature, les vieux cris de la période de la restauration étaient devenus impossibles
लेकिन साहित्य के क्षेत्र में भी बहाली के दौर की पुरानी चीखें असंभव हो गई थीं
Pour s'attirer la sympathie, l'aristocratie était obligée de perdre de vue, semble-t-il, ses propres intérêts
सहानुभूति जगाने के लिए, अभिजात वर्ग दृष्टि खोने के लिए बाध्य थे, जाहिरा तौर पर, अपने स्वयं के हितों के
et ils ont été obligés de formuler leur réquisitoire contre la bourgeoisie dans l'intérêt de la classe ouvrière exploitée

और वे शोषित मजदूर वर्ग के हित में पूंजीपति वर्ग के खिलाफ अपने
अभियोग तैयार करने के लिए बाध्य थे

C'est ainsi que l'aristocratie prit sa revanche en chantant des
pamphlets sur son nouveau maître

इस प्रकार अभिजात वर्ग ने अपने नए गुरु पर लैंपून गाकर अपना बदला
लिया

et ils prirent leur revanche en lui murmurant à l'oreille de
sinistres prophéties de catastrophe à venir

और उन्होंने आने वाली तबाही की भयावह भविष्यवाणियों को उसके कानों
में फुसफुसाते हुए अपना बदला लिया

C'est ainsi qu'est né le socialisme féodal : moitié
lamentation, moitié moquerie

इस तरह सामंती समाजवाद का उदय हुआ: आधा विलाप, आधा दीपक

Il sonnait comme un demi-écho du passé, et projetait une
demi-menace de l'avenir

यह अतीत की आधी गूंज के रूप में बजता है, और भविष्य के आधे खतरे का
अनुमान लगाता है

parfois, par sa critique acerbe, spirituelle et incisive, il
frappait la bourgeoisie au plus profond de lui-même

कभी-कभी, अपनी कड़वी, मजाकिया और तीक्ष्ण आलोचना से, इसने
पूंजीपति वर्ग को दिल से ही अंदर तक झकझोर दिया

mais elle a toujours été ridicule dans son effet, par
l'incapacité totale de comprendre la marche de l'histoire
moderne

लेकिन आधुनिक इतिहास के मार्च को समझने में कुल अक्षमता के माध्यम से
यह हमेशा अपने प्रभाव में हास्यास्पद था

L'aristocratie, pour rallier le peuple à elle, agitait le sac
d'aumône prolétarien en guise de bannière

अभिजात वर्ग ने, लोगों को उनके पास लाने के लिए, सर्वहारा भिक्षा-बैग को
एक बैनर के लिए सामने लहराया

Mais le peuple, toutes les fois qu'il se joignait à lui, voyait
sur son arrière-train les anciennes armoiries féodales

लेकिन लोग, जितनी बार यह उनके साथ शामिल हो गया, उनके पीछे के
हिस्सों पर हथियारों के पुराने सामंती कोट देखे

et ils désertèrent avec des rires bruyants et irrévérencieux

और वे जोर से और बेअदबी से हँसते हुए चले गए

Une partie des légitimistes français et de la « Jeune Angleterre » offrit ce spectacle

फ्रांसीसी वैधतावादियों और "यंग इंग्लैंड" के एक वर्ग ने इस तमाशे का प्रदर्शन किया

les féodaux ont fait remarquer que leur mode d'exploitation était différent de celui de la bourgeoisie

सामंतवादियों ने बताया कि उनके शोषण का तरीका पूंजीपति वर्ग से अलग था

Les féodaux oublient qu'ils ont exploité dans des circonstances et des conditions tout à fait différentes

सामंतवादी भूल जाते हैं कि उन्होंने उन परिस्थितियों और परिस्थितियों में शोषण किया जो काफी अलग थीं

Et ils n'ont pas remarqué que de telles méthodes d'exploitation sont maintenant désuètes

और उन्होंने ध्यान नहीं दिया कि शोषण के ऐसे तरीके अब पुरातन हैं

Ils ont montré que, sous leur domination, le prolétariat moderne n'a jamais existé

उन्होंने दिखाया कि, उनके शासन के तहत, आधुनिक सर्वहारा वर्ग कभी अस्तित्व में नहीं था

mais ils oublient que la bourgeoisie moderne est le produit nécessaire de leur propre forme de société

लेकिन वे भूल जाते हैं कि आधुनिक पूंजीपति वर्ग समाज के अपने स्वयं के रूप की आवश्यक संतान है

Pour le reste, ils dissimulent à peine le caractère réactionnaire de leur critique

बाकी के लिए, वे शायद ही अपनी आलोचना के प्रतिक्रियावादी चरित्र को छिपाते हैं

Leur principale accusation contre la bourgeoisie se résume à ceci

पूंजीपति वर्ग के खिलाफ उनका मुख्य आरोप निम्नलिखित है

sous le régime bourgeois, une classe sociale se développe

पूंजीपति शासन के तहत एक सामाजिक वर्ग विकसित किया जा रहा है

Cette classe sociale est destinée à découper de fond en comble l'ancien ordre de la société

यह सामाजिक वर्ग समाज की पुरानी व्यवस्था को जड़ से काटने और शाखा बनाने के लिए नियत है

Ce qu'ils reprochent à la bourgeoisie, ce n'est pas tant qu'elle crée un prolétariat

वे पूंजीपति वर्ग को जिस चीज से उखाड़ फेंकते हैं, वह इतना नहीं है कि वह सर्वहारा वर्ग का निर्माण करे

ce qu'ils reprochent à la bourgeoisie, c'est plutôt de créer un prolétariat révolutionnaire

वे पूंजीपति वर्ग को और अधिक परेशान करते हैं ताकि यह एक क्रांतिकारी सर्वहारा वर्ग का निर्माण करे

Dans la pratique politique, ils se joignent donc à toutes les mesures coercitives contre la classe ouvrière

राजनीतिक व्यवहार में, इसलिए, वे मजदूर वर्ग के खिलाफ सभी जबरदस्त उपायों में शामिल होते हैं

Et dans la vie ordinaire, malgré leurs phrases hautaines, ils s'abaissent à ramasser les pommes d'or tombées de l'arbre de l'industrie

और आम जीवन में, अपने हाईफाल्यूटिन वाक्यांशों के बावजूद, वे उद्योग के पेड़ से गिराए गए सुनहरे सेब लेने के लिए झुक जाते हैं

et ils troquent la vérité, l'amour et l'honneur contre le commerce de la laine, du sucre de betterave et de l'eau-de-vie de pommes de terre

और वे ऊन, चुकंदर-चीनी और आलू की आत्माओं में वाणिज्य के लिए सत्य, प्रेम और सम्मान का आदान-प्रदान करते हैं

De même que le pasteur a toujours marché main dans la main avec le propriétaire foncier, il en a été de même du socialisme clérical et du socialisme féodal

जैसा कि पार्सन कभी जमींदार के साथ हाथ से चला गया है, इसलिए सामंती समाजवाद के साथ लिपिक समाजवाद है

Rien n'est plus facile que de donner à l'ascétisme chrétien une teinte socialiste

ईसाई तपस्या को समाजवादी रंग देने से आसान कुछ भी नहीं है

Le christianisme n'a-t-il pas déclamé contre la propriété privée, contre le mariage, contre l'État ?

क्या ईसाई धर्म ने निजी संपत्ति के खिलाफ, विवाह के खिलाफ, राज्य के खिलाफ घोषणा नहीं की है?

Le christianisme n'a-t-il pas prêché à la place de la charité et de la pauvreté ?

क्या इन के स्थान पर ईसाई धर्म का प्रचार नहीं किया गया है, दान और गरीबी?

Le christianisme ne prêche-t-il pas le célibat et la mortification de la chair, de la vie monastique et de l'Église mère ?

क्या ईसाई धर्म ब्रह्मचर्य और मांस के वैराग्य का उपदेश, मठवासी जीवन और मदर चर्च का प्रचार नहीं करता है?

Le socialisme chrétien n'est que l'eau bénite avec laquelle le prêtre consacre les brûlures du cœur de l'aristocrate

ईसाई समाजवाद वह पवित्र जल है जिसके साथ पुजारी अभिजात वर्ग के दिल की जलन को पवित्र करता है

b) Le socialisme petit-bourgeois
b) क्षुद्र-बुर्जुआ समाजवाद

L'aristocratie féodale n'est pas la seule classe ruinée par la bourgeoisie
सामंती अभिजात वर्ग एकमात्र ऐसा वर्ग नहीं था जिसे पूंजीपति वर्ग ने बर्बाद कर दिया था

ce n'était pas la seule classe dont les conditions d'existence languissaient et périssaient dans l'atmosphère de la société bourgeoise moderne
यह एकमात्र ऐसा वर्ग नहीं था जिसके अस्तित्व की परिस्थितियाँ आधुनिक बुर्जुआ समाज के वातावरण में ठिठक गईं और नष्ट हो गईं

Les bourgeois médiévaux et les petits propriétaires paysans ont été les précurseurs de la bourgeoisie moderne
मध्ययुगीन बर्गस और छोटे किसान मालिक आधुनिक पूंजीपति वर्ग के अग्रदूत थे

Dans les pays peu développés, tant au point de vue industriel que commercial, ces deux classes végètent encore côte à côte
उन देशों में जो औद्योगिक और वाणिज्यिक रूप से बहुत कम विकसित हैं, ये दोनों वर्ग अभी भी साथ-साथ वनस्पति हैं

et pendant ce temps, la bourgeoisie se lève à côté d'eux : industriellement, commercialement et politiquement
और इस बीच पूंजीपति वर्ग उनके बगल में उठ खड़ा होता है: औद्योगिक, व्यावसायिक और राजनीतिक रूप से

Dans les pays où la civilisation moderne s'est pleinement développée, une nouvelle classe de petite bourgeoisie s'est formée
जिन देशों में आधुनिक सभ्यता पूरी तरह विकसित हो चुकी है, वहाँ क्षुद्र बुर्जुआ वर्ग का एक नया वर्ग खड़ा हो गया है

cette nouvelle classe sociale oscille entre le prolétariat et la bourgeoisie
यह नया सामाजिक वर्ग सर्वहारा वर्ग और पूंजीपति वर्ग के बीच उतार-चढ़ाव करता है

et elle se renouvelle sans cesse en tant que partie supplémentaire de la société bourgeoise

और यह हमेशा बुर्जुआ समाज के पूरक हिस्से के रूप में खुद को नवीनीकृत कर रहा है

Cependant, les membres individuels de cette classe sont constamment précipités dans le prolétariat

लेकिन इस वर्ग के अलग-अलग सदस्यों को लगातार सर्वहारा वर्ग में धकेला जा रहा है

ils sont aspirés par le prolétariat par l'action de la concurrence

उन्हें प्रतिस्पर्धा की कार्रवाई के माध्यम से सर्वहारा वर्ग द्वारा चूसा जाता है

Au fur et à mesure que l'industrie moderne se développe, ils voient même approcher le moment où ils disparaîtront complètement en tant que section indépendante de la société moderne

जैसे-जैसे आधुनिक उद्योग विकसित होता है, वे उस क्षण को भी देखते हैं जब वे आधुनिक समाज के एक स्वतंत्र खंड के रूप में पूरी तरह से गायब हो जाएंगे

ils seront remplacés, dans les manufactures, l'agriculture et le commerce, par des surveillants, des huissiers et des boutiquiers

उन्हें विनिर्माण, कृषि और वाणिज्य में, अनदेखी, बेलिफ और दुकानदारों द्वारा प्रतिस्थापित किया जाएगा

Dans des pays comme la France, où les paysans représentent bien plus de la moitié de la population

फ्रांस जैसे देशों में, जहां किसान आबादी के आधे से अधिक का गठन करते हैं

il était naturel qu'il y ait des écrivains qui se rangent du côté du prolétariat contre la bourgeoisie

यह स्वाभाविक था कि ऐसे लेखक हैं जिन्होंने पूंजीपति वर्ग के खिलाफ सर्वहारा वर्ग का पक्ष लिया

dans leur critique du régime bourgeois, ils utilisaient l'étendard de la bourgeoisie paysanne et de la petite bourgeoisie

पूंजीपति शासन की अपनी आलोचना में उन्होंने किसान और क्षुद्र पूंजीपति वर्ग के मानक का इस्तेमाल किया

et, du point de vue de ces classes intermédiaires, ils prennent le relais de la classe ouvrière

और इन मध्यवर्ती वर्गों के दृष्टिकोण से वे मजदूर वर्ग के लिए कुदाल लेते हैं

C'est ainsi qu'est né le socialisme petit-bourgeois, dont
Sismondi était le chef de cette école, non seulement en
France, mais aussi en Angleterre
इस प्रकार क्षुद्र-बुर्जुआ समाजवाद का उदय हुआ, जिसमें से सिसमोंडी इस
स्कूल के प्रमुख थे, न केवल फ्रांस में बल्कि इंग्लैंड में भी
Cette école du socialisme a disséqué avec une grande acuité
les contradictions des conditions de la production moderne
समाजवाद के इस स्कूल ने आधुनिक उत्पादन की स्थितियों में विरोधाभासों
को बड़ी तीव्रता के साथ विच्छेदित किया
Cette école a mis à nu les excuses hypocrites des économistes
इस स्कूल ने अर्थशास्त्रियों की पाखंडी माफी का पर्दाफाश किया
Cette école prouva sans conteste les effets désastreux du
machinisme et de la division du travail
इस स्कूल ने मशीनरी और श्रम विभाजन के विनाशकारी प्रभावों को निर्विवाद
रूप से साबित कर दिया
elle prouvait la concentration du capital et de la terre entre
quelques mains
इसने कुछ हाथों में पूंजी और भूमि की एकाग्रता साबित कर दी
elle a prouvé comment la surproduction conduit à des crises
bourgeoises
यह साबित हुआ कि कैसे अतिउत्पादन बुर्जुआ संकट की ओर ले जाता है
il soulignait la ruine inévitable de la petite bourgeoisie et
des paysans
इसने क्षुद्र पूंजीपति वर्ग और किसान की अपरिहार्य बर्बादी की ओर इशारा
किया
la misère du prolétariat, l'anarchie de la production, les
inégalités criantes dans la répartition des richesses
सर्वहारा वर्ग का दुख, उत्पादन में अराजकता, धन के वितरण में रोना
असमानता
Il a montré comment le système de production mène la
guerre industrielle d'extermination entre les nations
इसने दिखाया कि कैसे उत्पादन की प्रणाली राष्ट्रों के बीच विनाश के
औद्योगिक युद्ध का नेतृत्व करती है
la dissolution des vieux liens moraux, des vieilles relations
familiales, des vieilles nationalités
पुराने नैतिक बंधनों का विघटन, पुराने पारिवारिक संबंधों का, पुरानी
राष्ट्रीयताओं का

Dans ses objectifs positifs, cependant, cette forme de socialisme aspire à réaliser l'une des deux choses suivantes

अपने सकारात्मक उद्देश्यों में, हालांकि, समाजवाद का यह रूप दो चीजों में से एक को प्राप्त करने की इच्छा रखता है

soit elle vise à restaurer les anciens moyens de production et d'échange

या तो इसका उद्देश्य उत्पादन और विनिमय के पुराने साधनों को बहाल करना है

et avec les anciens moyens de production, elle rétablirait les anciens rapports de propriété et l'ancienne société

और उत्पादन के पुराने साधनों के साथ यह पुराने संपत्ति संबंधों और पुराने समाज को बहाल करेगा

ou bien elle vise à enfermer les moyens modernes de production et d'échange dans l'ancien cadre des rapports de propriété

या इसका उद्देश्य संपत्ति संबंधों के पुराने ढांचे में उत्पादन और विनिमय के आधुनिक साधनों को कुचलना है

Dans un cas comme dans l'autre, elle est à la fois réactionnaire et utopique

किसी भी मामले में, यह प्रतिक्रियावादी और यूटोपियन दोनों है

Ses derniers mots sont : guildes corporatives pour la fabrication, relations patriarcales dans l'agriculture

इसके अंतिम शब्द हैं: कृषि में निर्माण, पितृसत्तात्मक संबंधों के लिए कॉर्पोरेट गिल्ड

En fin de compte, lorsque les faits historiques obstinés ont dispersé tous les effets enivrants de l'auto-tromperie

अंततः, जब जिद्दी ऐतिहासिक तथ्यों ने आत्म-धोखे के सभी नशीले प्रभावों को तितर-बितर कर दिया था

cette forme de socialisme se termina par un misérable accès de pitié

समाजवाद का यह रूप दया के एक दयनीय फिट में समाप्त हो गया

c) Le socialisme allemand, ou « vrai »
ग) जर्मन, या "सच," समाजवाद

La littérature socialiste et communiste de France est née sous
la pression d'une bourgeoisie au pouvoir
फ्रांस के समाजवादी और कम्युनिस्ट साहित्य सत्ता में एक पूंजीपति वर्ग के
दबाव में उत्पन्न हुआ
Et cette littérature était l'expression de la lutte contre ce
pouvoir
और यह साहित्य इस शक्ति के खिलाफ संघर्ष की अभिव्यक्ति थी
elle a été introduite en Allemagne à une époque où la
bourgeoisie venait de commencer sa lutte contre
l'absolutisme féodal
यह जर्मनी में ऐसे समय में पेश किया गया था जब पूंजीपति वर्ग ने सामंती
निरंकुशता के साथ अपनी प्रतियोगिता शुरू की थी
Les philosophes allemands, les prétendus philosophes et les
beaux esprits, s'emparèrent avidement de cette littérature
जर्मन दार्शनिक, दार्शनिक और बीक्स एस्प्रिट्स, उत्सुकता से इस साहित्य
पर कब्जा कर लिया
mais ils oubliaient que les écrits avaient émigré de France en
Allemagne sans apporter avec eux les conditions sociales
françaises
लेकिन वे भूल गए कि लेखन फ्रांसीसी सामाजिक परिस्थितियों को साथ लाए
बिना फ्रांस से जर्मनी में आ गया
Au contact des conditions sociales allemandes, cette
littérature française perd toute sa signification pratique
immédiate
जर्मन सामाजिक परिस्थितियों के संपर्क में, इस फ्रांसीसी साहित्य ने अपने
सभी तात्कालिक व्यावहारिक महत्व खो दिए
et la littérature communiste de France a pris un aspect
purement littéraire dans les cercles académiques allemands
और फ्रांस के कम्युनिस्ट साहित्य ने जर्मन अकादमिक हलकों में एक विशुद्ध
साहित्यिक पहलू ग्रहण किया
Ainsi, les exigences de la première Révolution française
n'étaient rien d'autre que les exigences de la « raison
pratique »

इस प्रकार, पहली फ्रांसीसी क्रांति की मांग "व्यावहारिक कारण" की मांगों से ज्यादा कुछ नहीं थी

et l'expression de la volonté de la bourgeoisie française révolutionnaire signifiait à leurs yeux la loi de la volonté pure

और क्रांतिकारी फ्रांसीसी पूंजीपति वर्ग की इच्छा के कथन ने उनकी आंखों में शुद्ध इच्छा के कानून का संकेत दिया

il signifiait la Volonté telle qu'elle devait être ; de la vraie Volonté humaine en général

इसने विल को दर्शाया जैसा कि यह होना ही था; आम तौर पर सच्ची मानव इच्छा का

Le monde des lettrés allemands ne consistait qu'à mettre les nouvelles idées françaises en harmonie avec leur ancienne conscience philosophique

जर्मन साहित्यकारों की दुनिया पूरी तरह से नए फ्रांसीसी विचारों को अपने प्राचीन दार्शनिक विवेक के अनुरूप लाने में शामिल थी

ou plutôt, ils ont annexé les idées françaises sans déserter leur propre point de vue philosophique

या यों कहें, उन्होंने अपने स्वयं के दार्शनिक दृष्टिकोण को छोड़े बिना फ्रांसीसी विचारों को जोड़ दिया

Cette annexion s'est faite de la même manière que l'on s'approprie une langue étrangère, c'est-à-dire par la traduction

यह अनुलग्नक उसी तरह से हुआ जिसमें एक विदेशी भाषा को विनियोजित किया जाता है, अर्थात्, अनुवाद द्वारा

Il est bien connu comment les moines ont écrit des vies stupides de saints catholiques sur des manuscrits

यह सर्वविदित है कि भिक्षुओं ने पांडुलिपियों पर कैथोलिक संतों के मूर्खतापूर्ण जीवन को कैसे लिखा

les manuscrits sur lesquels les œuvres classiques de l'ancien paganisme avaient été écrites

पांडुलिपियां जिन पर प्राचीन हीथेंडम के शास्त्रीय कार्य लिखे गए थे

Les lettrés allemands ont inversé ce processus avec la littérature française profane

जर्मन साहित्यकारों ने अपवित्र फ्रांसीसी साहित्य के साथ इस प्रक्रिया को उलट दिया

Ils ont écrit leurs absurdités philosophiques sous l'original
français
उन्होंने फ्रांसीसी मूल के नीचे अपनी दार्शनिक बकवास लिखी
Par exemple, sous la critique française des fonctions
économiques de l'argent, ils ont écrit « L'aliénation de
l'humanité »
उदाहरण के लिए, पैसे के आर्थिक कार्यों की फ्रांसीसी आलोचना के तहत,
उन्होंने "मानवता का अलगाव" लिखा
au-dessous de la critique française de l'État bourgeois, ils
écrivaient « détrônement de la catégorie du général »
पूंजीपति राज्य की फ्रांसीसी आलोचना के तहत उन्होंने लिखा "जनरल की
श्रेणी का गद्दी"
L'introduction de ces phrases philosophiques à la fin des
critiques historiques françaises qu'ils ont baptisées :
फ्रांसीसी ऐतिहासिक आलोचनाओं के पीछे इन दार्शनिक वाक्यांशों की
शुरूआत उन्होंने डब की:
« Philosophie de l'action », « Vrai socialisme », « Science
allemande du socialisme », « Fondement philosophique du
socialisme », etc
"कार्रवाई का दर्शन," "सच्चा समाजवाद," "समाजवाद का जर्मन विज्ञान,"
"समाजवाद का दार्शनिक फाउंडेशन," और इसी तरह
La littérature socialiste et communiste française est ainsi
complètement émasculée
फ्रांसीसी समाजवादी और कम्युनिस्ट साहित्य इस प्रकार पूरी तरह से
नपुंसक हो गया था
entre les mains des philosophes allemands, elle cessa
d'exprimer la lutte d'une classe contre l'autre
जर्मन दार्शनिकों के हाथों में यह एक वर्ग के संघर्ष को दूसरे के साथ व्यक्त
करना बंद कर दिया
et c'est ainsi que les philosophes allemands se sentaient
conscients d'avoir surmonté « l'unilatéralité française »
और इसलिए जर्मन दार्शनिकों ने "फ्रांसीसी एकतरफापन" पर काबू पाने के
प्रति सचेत महसूस किया
Il n'avait pas à représenter de vraies exigences, mais plutôt
des exigences de vérité

इसे सच्ची आवश्यकताओं का प्रतिनिधित्व करने की आवश्यकता नहीं थी,
बल्कि, यह सत्य की आवश्यकताओं का प्रतिनिधित्व करता था

il n'y avait pas d'intérêt pour le prolétariat, mais plutôt pour
la nature humaine

सर्वहारा वर्ग में कोई रुचि नहीं थी, बल्कि, मानव स्वभाव में रुचि थी

l'intérêt était dans l'Homme en général, qui n'appartient à
aucune classe et n'a pas de réalité

रुचि सामान्य रूप से मनुष्य में थी, जो किसी वर्ग का नहीं है, और कोई
वास्तविकता नहीं है

un homme qui n'existe que dans le royaume brumeux de la
fantaisie philosophique

एक आदमी जो केवल दार्शनिक कल्पना के धुंधले दायरे में मौजूद है

mais finalement, ce socialisme allemand d'écolier perdit
aussi son innocence pédante

लेकिन अंततः इस स्कूली छात्र जर्मन समाजवाद ने भी अपनी पांडित्यपूर्ण
मासूमियत खो दी

la bourgeoisie allemande, et surtout la bourgeoisie
prussienne, luttait contre l'aristocratie féodale

जर्मन पूंजीपति वर्ग, और विशेष रूप से प्रशिया पूंजीपति वर्ग ने सामंती
अभिजात वर्ग के खिलाफ लड़ाई लड़ी

la monarchie absolue de l'Allemagne et de la Prusse était
également combattue

जर्मनी और प्रशिया की पूर्ण राजशाही के खिलाफ भी लड़ाई लड़ी जा रही थी

Et à son tour, la littérature du mouvement libéral est
également devenue plus sérieuse

और बदले में, उदारवादी आंदोलन का साहित्य भी अधिक गंभीर हो गया

L'Allemagne a eu l'occasion longtemps souhaitée par le «
vrai » socialisme de se voir offrir

"सच्चे" समाजवाद के लिए जर्मनी के लंबे समय से वांछित अवसर की
पेशकश की गई थी

l'occasion de confronter le mouvement politique aux
revendications socialistes

समाजवादी मांगों के साथ राजनीतिक आंदोलन का सामना करने का अवसर

l'occasion de jeter les anathèmes traditionnels contre le
libéralisme

उदारवाद के खिलाफ पारंपरिक अभिशाप फेंकने का अवसर

l'occasion d'attaquer le gouvernement représentatif et la concurrence bourgeoise

प्रतिनिधि सरकार और पूंजीपति वर्ग प्रतियोगिता पर हमला करने का अवसर

Liberté de la presse bourgeoise, législation bourgeoise, liberté et égalité bourgeoise

प्रेस की बुर्जुआ स्वतंत्रता, बुर्जुआ कानून, बुर्जुआ स्वतंत्रता और समानता

Tout cela pourrait maintenant être critiqué dans le monde réel, plutôt que dans la fantaisie

इन सभी की अब कल्पना के बजाय वास्तविक दुनिया में आलोचना की जा सकती है

L'aristocratie féodale et la monarchie absolue prêchaient depuis longtemps aux masses

सामंती अभिजात वर्ग और पूर्ण राजशाही ने लंबे समय तक जनता को प्रचार किया था

« L'ouvrier n'a rien à perdre, et il a tout à gagner »

"काम करने वाले आदमी के पास खोने के लिए कुछ नहीं है, और उसके पास पाने के लिए सब कुछ है।

le mouvement bourgeois offrait aussi une chance de se confronter à ces platitudes

पूंजीपति आंदोलन ने भी इन प्लैटिट्यूड्स का सामना करने का मौका दिया

la critique française présupposait l'existence d'une société bourgeoise moderne

फ्रांसीसी आलोचना ने आधुनिक बुर्जुआ समाज के अस्तित्व को पूर्ववत किया

Conditions économiques d'existence de la bourgeoisie et constitution politique de la bourgeoisie

अस्तित्व की बुर्जुआ आर्थिक स्थिति और बुर्जुआ राजनीतिक संविधान

les choses mêmes dont la réalisation était l'objet de la lutte imminente en Allemagne

वही चीजें जिनकी प्राप्ति जर्मनी में लंबित संघर्ष का उद्देश्य थी

L'écho stupide du socialisme en Allemagne a abandonné ces objectifs juste à temps

जर्मनी की समाजवाद की मूर्खतापूर्ण गूंज ने इन लक्ष्यों को ठीक समय पर छोड़ दिया

Les gouvernements absolus avaient leur suite de pasteurs, de professeurs, d'écuyers de campagne et de fonctionnaires

निरपेक्ष सरकारों के पास पार्सन्स, प्रोफेसरों, देश के स्कायर और अधिकारियों का अनुसरण था

le gouvernement de l'époque a répondu aux soulèvements
de la classe ouvrière allemande par des coups de fouet et des
balles
उस समय की सरकार ने जर्मन मजदूर वर्ग के उदय को कोड़े और गोलियों
से पूरा किया

pour eux, ce socialisme était un épouvantail bienvenu contre
la bourgeoisie menaçante
उनके लिए इस समाजवाद ने धमकी देने वाले पूंजीपति वर्ग के खिलाफ एक
स्वागत योग्य बिजूका के रूप में कार्य किया

et le gouvernement allemand a pu offrir un dessert sucré
après les pilules amères qu'il a distribuées
और जर्मन सरकार कड़वी गोलियों के बाद एक मीठी मिठाई की पेशकश
करने में सक्षम थी

ce « vrai » socialisme servait donc aux gouvernements
d'arme pour combattre la bourgeoisie allemande
इस "सच्चे" समाजवाद ने इस प्रकार सरकारों को जर्मन पूंजीपति वर्ग से
लड़ने के लिए एक हथियार के रूप में सेवा दी

et, en même temps, il représentait directement un intérêt
réactionnaire ; celle des Philistins allemands
और, एक ही समय में, यह सीधे एक प्रतिक्रियावादी हित का प्रतिनिधित्व
किया; जर्मन पलिशितयों की

En Allemagne, la petite bourgeoisie est la véritable base
sociale de l'état de choses actuel
जर्मनी में क्षुद्र बुर्जुआ वर्ग मौजूदा स्थिति का वास्तविक सामाजिक आधार है

une relique du XVIe siècle qui n'a cessé de surgir sous
diverses formes
सोलहवीं शताब्दी का एक अवशेष जो लगातार विभिन्न रूपों में सामने आ
रहा है

Conserver cette classe, c'est préserver l'état de choses
existant en Allemagne
इस वर्ग को संरक्षित करना जर्मनी में चीजों की मौजूदा स्थिति को संरक्षित
करना है

La suprématie industrielle et politique de la bourgeoisie
menace la petite bourgeoisie d'une destruction certaine
पूंजीपति वर्ग का औद्योगिक और राजनीतिक वर्चस्व क्षुद्र पूंजीपति वर्ग को
कुछ विनाश की धमकी देता है

d'une part, elle menace de détruire la petite bourgeoisie par la concentration du capital

एक ओर, यह पूंजी की एकाग्रता के माध्यम से क्षुद्र पूंजीपति वर्ग को नष्ट करने की धमकी देता है

d'autre part, la bourgeoisie menace de la détruire par l'avènement d'un prolétariat révolutionnaire

दूसरी ओर, पूंजीपति वर्ग एक क्रांतिकारी सर्वहारा वर्ग के उदय के माध्यम से इसे नष्ट करने की धमकी देता है

Le « vrai » socialisme semblait faire d'une pierre deux coups. Il s'est répandu comme une épidémie

"सच है" समाजवाद इन दो पक्षियों को एक पत्थर से मारता दिखाई दिया। यह एक महामारी की तरह फैल गया

La robe de toiles d'araignées spéculatives, brodée de fleurs de rhétorique, trempée dans la rosée du sentiment maladif

सट्टा मकड़ी के जाले का बागे, बयानबाजी के फूलों के साथ कशीदाकारी, बीमार भावना की ओस में डूबा हुआ

cette robe transcendantale dans laquelle les socialistes allemands enveloppaient leurs tristes « vérités éternelles »

यह पारलौकिक वस्त्र जिसमें जर्मन समाजवादियों ने अपने खेदजनक "शाश्वत सत्य" को लपेट लिया

tout de peau et d'os, servaient à augmenter merveilleusement la vente de leurs marchandises auprès d'un public aussi

सभी त्वचा और हड्डी, इस तरह के एक जनता के बीच अपने माल की बिक्री में आश्चर्यजनक वृद्धि करने के लिए सेवा की

Et de son côté, le socialisme allemand reconnaissait de plus en plus sa propre vocation

और अपनी ओर से, जर्मन समाजवाद ने अधिक से अधिक, अपनी बुलाहट को मान्यता दी

on l'appelait à être le représentant grandiloquent de la petite-bourgeoisie philistine

इसे क्षुद्र-बुर्जुआ पलिश्ती का बमबारी प्रतिनिधि कहा जाता था

Il proclamait que la nation allemande était la nation modèle, et le petit philistin allemand l'homme modèle

इसने जर्मन राष्ट्र को आदर्श राष्ट्र घोषित किया, और जर्मन क्षुद्र पलिश्ती को आदर्श व्यक्ति घोषित किया

À chaque méchanceté de cet homme modèle, elle donnait
une interprétation socialiste cachée, plus élevée

इस मॉडल आदमी के हर खलनायक मतलबी को इसने एक छिपी हुई,
उच्चतर, समाजवादी व्याख्या दी

cette interprétation socialiste supérieure était l'exact
contraire de son caractère réel

यह उच्चतर, समाजवादी व्याख्या इसके वास्तविक चरित्र के बिल्कुल विपरीत
थी

Il est allé jusqu'à s'opposer directement à la tendance «
brutalement destructrice » du communisme

यह साम्यवाद की "क्रूरता से विनाशकारी" प्रवृत्ति का सीधे विरोध करने की
चरम सीमा तक चला गया

et il proclamait son mépris suprême et impartial de toutes
les luttes de classes

और यह सभी वर्ग संघर्ष के अपने सर्वोच्च और निष्पक्ष अवमानना की घोषणा
की

À de très rares exceptions près, toutes les publications dites
socialistes et communistes qui circulent aujourd'hui (1847)
en Allemagne appartiennent au domaine de cette littérature
nauséabonde et énervante

बहुत कम अपवादों के साथ, सभी तथाकथित समाजवादी और कम्युनिस्ट
प्रकाशन जो अब (1847) जर्मनी में प्रसारित होते हैं, इस बेईमानी और
उत्साही साहित्य के क्षेत्र से संबंधित हैं

2) Le socialisme conservateur ou le socialisme bourgeois
2) रूढ़िवादी समाजवाद, या बुर्जुआ समाजवाद

Une partie de la bourgeoisie est désireuse de redresser les griefs sociaux
पूंजीपति वर्ग का एक हिस्सा सामाजिक शिकायतों के निवारण का इच्छुक है
afin d'assurer la pérennité de la société bourgeoise
बुर्जुआ समाज के निरंतर अस्तित्व को सुरक्षित करने के लिए
C'est à cette section qu'appartiennent les économistes, les philanthropes, les humanitaires
इस वर्ग में अर्थशास्त्री, परोपकारी, मानवतावादी हैं
améliorateurs de la condition de la classe ouvrière et organisateurs de la charité
मजदूर वर्ग और दान के आयोजकों की स्थिति में सुधार
membres des sociétés de prévention de la cruauté envers les animaux
जानवरों के प्रति क्रूरता की रोकथाम के लिए सोसायटी के सदस्य
fanatiques de la tempérance, réformateurs de toutes sortes imaginables
संयम कट्टरपंथी, हर कल्पनीय प्रकार के छेद-और-कोने सुधारक
Cette forme de socialisme a, d'ailleurs, été élaborée en systèmes complets
समाजवाद के इस रूप को, इसके अलावा, पूर्ण प्रणालियों में काम किया गया है
On peut citer la « Philosophie de la Misère » de Proudhon comme exemple de cette forme
हम इस रूप के उदाहरण के रूप में प्राउडॉन के "फिलॉसफी डे ला मिसेरे" का हवाला दे सकते हैं
La bourgeoisie socialiste veut tous les avantages des conditions sociales modernes
समाजवादी पूंजीपति वर्ग आधुनिक सामाजिक परिस्थितियों के सभी लाभ चाहते हैं
mais la bourgeoisie socialiste ne veut pas nécessairement des luttes et des dangers qui en résultent
लेकिन समाजवादी पूंजीपति वर्ग जरूरी नहीं कि परिणामी संघर्ष और खतरे चाहते हैं

Ils désirent l'état actuel de la société, sans ses éléments révolutionnaires et désintégrateurs

वे समाज की मौजूदा स्थिति की इच्छा रखते हैं, इसके क्रांतिकारी और विघटनकारी तत्वों को छोड़कर

c'est-à-dire qu'ils veulent une bourgeoisie sans prolétariat

दूसरे शब्दों में, वे सर्वहारा वर्ग के बिना एक पूंजीपति वर्ग की कामना करते हैं

La bourgeoisie conçoit naturellement le monde dans lequel elle est souveraine d'être la meilleure

पूंजीपति स्वाभाविक रूप से उस दुनिया की कल्पना करते हैं जिसमें सर्वश्रेष्ठ होना सर्वोच्च है

et le socialisme bourgeois développe cette conception confortable en divers systèmes plus ou moins complets

और बुर्जुआ समाजवाद इस आरामदायक अवधारणा को विभिन्न कम या ज्यादा पूर्ण प्रणालियों में विकसित करता है

ils voudraient beaucoup que le prolétariat marche droit dans la Nouvelle Jérusalem sociale

वे सर्वहारा वर्ग को सीधे सामाजिक नए यरूशलेम में मार्च करना पसंद करेंगे

Mais en réalité, elle exige du prolétariat qu'il reste dans les limites de la société existante

लेकिन वास्तव में सर्वहारा वर्ग को मौजूदा समाज की सीमा के भीतर रहने की आवश्यकता है

ils demandent au prolétariat de se débarrasser de toutes ses idées haineuses sur la bourgeoisie

वे सर्वहारा वर्ग से पूंजीपति वर्ग के संबंध में अपने सभी घृणित विचारों को दूर करने के लिए कहते हैं

il y a une seconde forme plus pratique, mais moins systématique, de ce socialisme

इस समाजवाद का एक और अधिक व्यावहारिक, लेकिन कम व्यवस्थित रूप है

Cette forme de socialisme cherchait à déprécier tout mouvement révolutionnaire aux yeux de la classe ouvrière

समाजवाद के इस रूप श्रमिक वर्ग की नजर में हर क्रांतिकारी आंदोलन मूल्यह्रास करने की मांग की

Ils soutiennent qu'aucune simple réforme politique ne pourrait leur être d'un quelconque avantage

उनका तर्क है कि केवल राजनीतिक सुधार से उन्हें कोई फायदा नहीं हो सकता

Seul un changement dans les conditions matérielles
d'existence dans les relations économiques est bénéfique

आर्थिक संबंधों में अस्तित्व की भौतिक स्थितियों में बदलाव ही लाभ का है

Comme le communisme, cette forme de socialisme prône un
changement des conditions matérielles d'existence

साम्यवाद की तरह, समाजवाद का यह रूप अस्तित्व की भौतिक स्थितियों में
बदलाव की वकालत करता है

Cependant, cette forme de socialisme ne suggère nullement
l'abolition des rapports de production bourgeois

हालांकि, समाजवाद का यह रूप किसी भी तरह से उत्पादन के पूंजीपति
संबंधों के उन्मूलन का सुझाव नहीं देता है

l'abolition des rapports de production bourgeois ne peut se
faire que par la révolution

उत्पादन के पूंजीपति संबंधों का उन्मूलन केवल एक क्रांति के माध्यम से
प्राप्त किया जा सकता है

Mais au lieu d'une révolution, cette forme de socialisme
suggère des réformes administratives

लेकिन एक क्रांति के बजाय, समाजवाद का यह रूप प्रशासनिक सुधारों का
सुझाव देता है

et ces réformes administratives seraient fondées sur la
pérennité de ces relations

और ये प्रशासनिक सुधार इन संबंधों के निरंतर अस्तित्व पर आधारित होंगे

réformes qui n'affectent en rien les rapports entre le capital
et le travail

इसलिए, जो किसी भी संबंध में पूंजी और श्रम के बीच संबंधों को प्रभावित
नहीं करते हैं

au mieux, de telles réformes réduisent le coût et simplifient
le travail administratif du gouvernement bourgeois

सबसे अच्छा, इस तरह के सुधार लागत को कम करते हैं और पूंजीपति
सरकार के प्रशासनिक कार्य को सरल बनाते हैं

Le socialisme bourgeois atteint une expression adéquate
lorsque, et seulement lorsque, il devient une simple figure
de style

बुर्जुआ समाजवाद पर्याप्त अभिव्यक्ति प्राप्त करता है, जब, और केवल तब,
यह भाषण का एक मात्र आंकड़ा बन जाता है

Le libre-échange : au profit de la classe ouvrière

मुक्त व्यापार: श्रमिक वर्ग के लाभ के लिए

Les devoirs protecteurs : au profit de la classe ouvrière
सुरक्षात्मक कर्तव्यों: श्रमिक वर्ग के लाभ के लिए

Réforme pénitentiaire : au profit de la classe ouvrière
जेल सुधार: श्रमिक वर्ग के लाभ के लिए

C'est le dernier mot et le seul mot sérieux du socialisme bourgeois
यह बुर्जुआ समाजवाद का अंतिम और एकमात्र गंभीर अर्थ शब्द है

Elle se résume dans la phrase : la bourgeoisie est une bourgeoisie au profit de la classe ouvrière
यह वाक्यांश में अभिव्यक्त किया गया है: पूंजीपति वर्ग मजदूर वर्ग के लाभ के लिए एक पूंजीपति वर्ग है

3) Socialisme et communisme utopiques critiques
3) क्रिटिकल-यूटोपियन समाजवाद और साम्यवाद

Nous ne nous référons pas ici à la littérature qui a toujours donné la parole aux revendications du prolétariat

हम यहां उस साहित्य का उल्लेख नहीं कर रहे हैं जिसने हमेशा सर्वहारा वर्ग की मांगों को आवाज दी है

cela a été présent dans toutes les grandes révolutions modernes, comme les écrits de Babeuf et d'autres

यह हर महान आधुनिक क्रांति में मौजूद रहा है, जैसे कि बाबूफ और अन्य के लेखन

Les premières tentatives directes du prolétariat pour parvenir à ses propres fins échouèrent nécessairement

सर्वहारा वर्ग के अपने लक्ष्यों को प्राप्त करने के पहले प्रत्यक्ष प्रयास आवश्यक रूप से विफल रहे

Ces tentatives ont été faites dans des temps d'effervescence universelle, lorsque la société féodale était renversée

ये प्रयास सार्वभौमिक उत्तेजना के समय में किए गए थे, जब सामंती समाज को उखाड़ फेंका जा रहा था

L'état alors peu développé du prolétariat a conduit à l'échec de ces tentatives

सर्वहारा वर्ग की तत्कालीन अविकसित अवस्था ने उन प्रयासों को विफल कर दिया

et ils ont échoué en raison de l'absence des conditions économiques pour son émancipation

और वे इसकी मुक्ति के लिए आर्थिक परिस्थितियों की अनुपस्थिति के कारण विफल रहे

conditions qui n'avaient pas encore été produites, et qui ne pouvaient être produites que par l'époque de la bourgeoisie

ऐसी स्थितियाँ जो अभी तक उत्पन्न नहीं हुई थीं, और अकेले आसन्न बुर्जुआ युग द्वारा उत्पादित की जा सकती थीं

La littérature révolutionnaire qui accompagnait ces premiers mouvements du prolétariat avait nécessairement un caractère réactionnaire

सर्वहारा वर्ग के इन पहले आंदोलनों के साथ जो क्रांतिकारी साहित्य था, उसमें अनिवार्य रूप से एक प्रतिक्रियावादी चरित्र था

Cette littérature inculquait l'ascétisme universel et le nivellement social dans sa forme la plus grossière

इस साहित्य ने सार्वभौमिक तपस्या और सामाजिक स्तर को अपने क्रूरतम रूप में विकसित किया

Les systèmes socialistes et communistes, proprement dits, naissent au début de la période sous-développée

समाजवादी और कम्युनिस्ट प्रणाली, ठीक से तथाकथित, प्रारंभिक अविकसित काल में अस्तित्व में वसंत

Saint-Simon, Fourier, Owen et d'autres, ont décrit la lutte entre le prolétariat et la bourgeoisie (voir section 1)

सेंट-साइमन, फूरियर, ओवेन और अन्य ने सर्वहारा वर्ग और पूंजीपति वर्ग के बीच संघर्ष का वर्णन किया (धारा 1 देखें)

Les fondateurs de ces systèmes voient, en effet, les antagonismes de classe

इन प्रणालियों के संस्थापक, वास्तव में, वर्ग विरोध देखते हैं

Ils voient aussi l'action des éléments en décomposition, dans la forme dominante de la société

वे समाज के प्रचलित रूप में विघटित तत्वों की कार्रवाई को भी देखते हैं

Mais le prolétariat, encore à ses débuts, leur offre le spectacle d'une classe sans aucune initiative historique

लेकिन सर्वहारा वर्ग, अभी तक अपनी प्रारंभिक अवस्था में, उन्हें बिना किसी ऐतिहासिक पहल के एक वर्ग का तमाशा पेश करता है

Ils voient le spectacle d'une classe sociale sans aucun mouvement politique indépendant

वे बिना किसी स्वतंत्र राजनीतिक आंदोलन के एक सामाजिक वर्ग का तमाशा देखते हैं

Le développement de l'antagonisme de classe va de pair avec le développement de l'industrie

वर्ग विरोध का विकास उद्योग के विकास के साथ तालमेल बिठाता है

La situation économique ne leur offre donc pas encore les conditions matérielles de l'émancipation du prolétariat

इसलिए आर्थिक स्थिति अभी तक उन्हें सर्वहारा वर्ग की मुक्ति के लिए भौतिक परिस्थितियों की पेशकश नहीं करती है

Ils cherchent donc une nouvelle science sociale, de nouvelles lois sociales, qui doivent créer ces conditions

इसलिए वे एक नए सामाजिक विज्ञान की खोज करते हैं, नए सामाजिक कानूनों के बाद, जो इन स्थितियों को बनाने के लिए हैं

l'action historique, c'est céder à leur action inventive personnelle

ऐतिहासिक कार्रवाई उनकी व्यक्तिगत आविष्कारशील कार्रवाई के लिए उपज है

Les conditions d'émancipation créées historiquement doivent céder la place à des conditions fantastiques

ऐतिहासिक रूप से निर्मित मुक्ति की स्थितियां शानदार परिस्थितियों के सामने झुकना है

et l'organisation de classe graduelle et spontanée du prolétariat doit céder la place à l'organisation de la société

और सर्वहारा वर्ग का क्रमिक, स्वतःस्फूर्त वर्ग-संगठन समाज के संगठन के सामने झुक जाना है

l'organisation de la société spécialement conçue par ces inventeurs

इन आविष्कारकों द्वारा विशेष रूप से विकसित समाज का संगठन

L'histoire future se résout, à leurs yeux, dans la propagande et l'exécution pratique de leurs projets sociaux

भविष्य का इतिहास उनकी नज़र में, प्रचार और उनकी सामाजिक योजनाओं को व्यावहारिक रूप से पूरा करने में खुद को हल करता है

Dans l'élaboration de leurs plans, ils ont conscience de s'occuper avant tout des intérêts de la classe ouvrière

अपनी योजनाओं के निर्माण में वे मुख्य रूप से मजदूर वर्ग के हितों की देखभाल करने के प्रति सचेत हैं

Ce n'est que du point de vue d'être la classe la plus souffrante que le prolétariat existe pour eux

केवल सबसे पीड़ित वर्ग होने के दृष्टिकोण से ही सर्वहारा वर्ग उनके लिए मौजूद है

L'état sous-développé de la lutte des classes et leur propre environnement informent leurs opinions

वर्ग संघर्ष की अविकसित स्थिति और उनके अपने परिवेश उनकी राय को सूचित करते हैं

Les socialistes de ce genre se considèrent comme bien supérieurs à tous les antagonismes de classe

इस तरह के समाजवादी खुद को सभी वर्ग विरोधों से कहीं बेहतर मानते हैं

Ils veulent améliorer la condition de tous les membres de la société, même celle des plus favorisés

वे समाज के प्रत्येक सदस्य की स्थिति में सुधार करना चाहते हैं, यहां तक कि सबसे पसंदीदा की भी

Par conséquent, ils s'adressent habituellement à la société dans son ensemble, sans distinction de classe

इसलिए, वे आदतन वर्ग के भेद के बिना, बड़े पैमाने पर समाज से अपील करते हैं

Bien plus, ils font appel à la société dans son ensemble de préférence à la classe dirigeante

नहीं, वे शासक वर्ग को वरीयता देकर बड़े पैमाने पर समाज से अपील करते हैं

Pour eux, tout ce qu'il faut, c'est que les autres comprennent leur système

उनके लिए, केवल दूसरों को उनकी प्रणाली को समझने की आवश्यकता है

Car comment les gens peuvent-ils ne pas voir que le meilleur plan possible est le meilleur état possible de la société ?

क्योंकि लोग यह देखने में कैसे विफल हो सकते हैं कि समाज की सर्वोत्तम संभव स्थिति के लिए सर्वोत्तम संभव योजना है?

C'est pourquoi ils rejettent toute action politique, et surtout toute action révolutionnaire

इसलिए, वे सभी राजनीतिक, और विशेष रूप से सभी क्रांतिकारी, कार्रवाई को अस्वीकार करते हैं

ils veulent arriver à leurs fins par des moyens pacifiques

वे शांतिपूर्ण तरीकों से अपने लक्ष्यों को प्राप्त करना चाहते हैं

ils s'efforcent, par de petites expériences, qui sont nécessairement vouées à l'échec

वे छोटे प्रयोगों द्वारा प्रयास करते हैं, जो आवश्यक रूप से विफलता के लिए बर्बाद होते हैं

et par la force de l'exemple, ils essaient d'ouvrir la voie au nouvel Évangile social

और उदाहरण के बल से वे नए सामाजिक सुसमाचार के लिए मार्ग प्रशस्त करने का प्रयास करते हैं

De tels tableaux fantastiques de la société future, peints à une époque où le prolétariat est encore dans un état très sous-développé

भविष्य के समाज की ऐसी शानदार तस्वीरें, ऐसे समय में चित्रित की गईं जब सर्वहारा वर्ग अभी भी बहुत अविकसित अवस्था में है

et il n'a encore qu'une conception fantasmatique de sa propre position

और यह अभी भी अपनी स्थिति की एक काल्पनिक अवधारणा है

Mais leurs premières aspirations instinctives correspondent aux aspirations du prolétariat

लेकिन उनकी पहली सहज इच्छाएं सर्वहारा वर्ग की इच्छाओं के अनुरूप हैं

L'un et l'autre aspirent à une reconstruction générale de la société

दोनों समाज के एक सामान्य पुनर्निर्माण के लिए तरस रहे हैं

Mais ces publications socialistes et communistes contiennent aussi un élément critique

लेकिन इन समाजवादी और कम्युनिस्ट प्रकाशनों में एक महत्वपूर्ण तत्व भी है

Ils s'attaquent à tous les principes de la société existante

वे मौजूदा समाज के हर सिद्धांत पर हमला करते हैं

C'est pourquoi ils sont remplis des matériaux les plus précieux pour l'illumination de la classe ouvrière

इसलिए वे मजदूर वर्ग के ज्ञान के लिए सबसे मूल्यवान सामग्रियों से भरे हुए हैं

Ils proposent l'abolition de la distinction entre la ville et la campagne, et la famille

वे शहर और देश और परिवार के बीच के अंतर को समाप्त करने का प्रस्ताव करते हैं

la suppression de l'exercice de l'industrie pour le compte des particuliers

निजी व्यक्तियों के खाते के लिए उद्योगों को चलाने का उन्मूलन

et l'abolition du salariat et la proclamation de l'harmonie sociale

और मजदूरी प्रणाली का उन्मूलन और सामाजिक सद्भाव की घोषणा

la transformation des fonctions de l'État en une simple surveillance de la production

राज्य के कार्यों का उत्पादन के मात्र अधीक्षण में रूपांतरण

Toutes ces propositions ne pointent que vers la disparition des antagonismes de classe

ये सभी प्रस्ताव, पूरी तरह से वर्ग विरोधों के गायब होने की ओर इशारा करते हैं

Les antagonismes de classe ne faisaient alors que surgir

उस समय वर्ग विरोध केवल फसल ही पैदा कर रहे थे

Dans ces publications, ces antagonismes de classe ne sont reconnus que dans leurs formes les plus anciennes, indistinctes et indéfinies

इन प्रकाशनों में इन वर्ग विरोधों को उनके प्राचीन, अस्पष्ट और अपरिभाषित रूपों में ही पहचाना जाता है

Ces propositions ont donc un caractère purement utopique

इसलिए, ये प्रस्ताव विशुद्ध रूप से यूटोपियन चरित्र के हैं

La signification du socialisme et du communisme critiques-utopiques est en relation inverse avec le développement historique

क्रिटिकल-यूटोपियन समाजवाद और साम्यवाद का महत्व ऐतिहासिक विकास के विपरीत संबंध रखता है

La lutte de classe moderne se développera et continuera à prendre une forme définitive

आधुनिक वर्ग संघर्ष विकसित होगा और निश्चित आकार लेना जारी रखेगा

Cette réputation fantastique du concours perdra toute valeur pratique

प्रतियोगिता से यह शानदार स्थिति सभी व्यावहारिक मूल्य खो देगी

Ces attaques fantastiques contre les antagonismes de classe perdront toute justification théorique

वर्ग विरोधों पर ये शानदार हमले सभी सैद्धांतिक औचित्य खो देंगे

Les initiateurs de ces systèmes étaient, à bien des égards, révolutionnaires

इन प्रणालियों के प्रवर्तक कई मामलों में क्रांतिकारी थे

Mais leurs disciples n'ont, dans tous les cas, formé que des sectes réactionnaires

लेकिन उनके शिष्यों ने, हर मामले में, केवल प्रतिक्रियावादी संप्रदायों का गठन किया है

Ils s'en tiennent fermement aux vues originales de leurs maîtres

वे अपने आकाओं के मूल विचारों को कसकर पकड़ते हैं

Mais ces vues s'opposent au développement historique progressif du prolétariat

लेकिन ये विचार सर्वहारा वर्ग के प्रगतिशील ऐतिहासिक विकास के विरोध में हैं

Ils s'efforcent donc, et cela constamment, d'étouffer la lutte des classes

इसलिए, वे प्रयास करते हैं, और वह लगातार, वर्ग संघर्ष को मृत करने के लिए

et ils s'efforcent constamment de concilier les antagonismes de classe

और वे लगातार वर्ग विरोधों को सुलझाने का प्रयास करते हैं

Ils rêvent encore de la réalisation expérimentale de leurs utopies sociales

वे अभी भी अपने सामाजिक यूटोपिया के प्रयोगात्मक अहसास का सपना देखते हैं

ils rêvent encore de fonder des « phalanstères » isolés et d'établir des « colonies d'origine »

वे अभी भी अलग-थलग "फालानस्टेरेस" की स्थापना और "होम कॉलोनियों" की स्थापना का सपना देखते हैं

ils rêvent de mettre en place une « Petite Icarie » – éditions duodecimo de la Nouvelle Jérusalem

वे एक "लिटिल इकारिया" स्थापित करने का सपना देखते हैं - न्यू यरूशलेम के डुओडेसिमो संस्करण

Et ils rêvent de réaliser tous ces châteaux dans les airs

और वे हवा में इन सभी महलों को महसूस करने का सपना देखते हैं

Ils sont obligés de faire appel aux sentiments et aux bourses des bourgeois

वे बुर्जुआ की भावनाओं और पर्स के लिए अपील करने के लिए मजबूर कर रहे हैं

Peu à peu, ils s'enfoncent dans la catégorie des socialistes conservateurs réactionnaires décrits ci-dessus

डिग्री से वे ऊपर वर्णित प्रतिक्रियावादी रूढ़िवादी समाजवादियों की श्रेणी में डूब जाते हैं

ils ne diffèrent de ceux-ci que par une pédanterie plus systématique

वे केवल अधिक व्यवस्थित पांडित्य द्वारा इनसे भिन्न होते हैं

et ils diffèrent par leur croyance fanatique et superstitieuse
aux effets miraculeux de leur science sociale
और वे अपने सामाजिक विज्ञान के चमत्कारी प्रभावों में अपने कट्टर और
अंधविश्वासी विश्वास से भिन्न हैं
Ils s'opposent donc violemment à toute action politique de
la part de la classe ouvrière
इसलिए, वे मजदूर वर्ग की ओर से सभी राजनीतिक कार्रवाई का हिंसक
विरोध करते हैं
une telle action, selon eux, ne peut résulter que d'une
incrédulité aveugle dans le nouvel Évangile
इस तरह की कार्रवाई, उनके अनुसार, केवल नए सुसमाचार में अंध
अविश्वास का परिणाम हो सकती है
Les owénistes en Angleterre et les fouriéristes en France
s'opposent respectivement aux chartistes et aux réformistes
इंग्लैंड में ओवेनाइट्स, और फ्रांस में फूरियरिस्ट क्रमशः, चार्टिस्टों और
"रिफॉर्मिस्ट" का विरोध करते हैं

Position des communistes par rapport aux divers partis d'opposition existants
विभिन्न मौजूदा विरोधी दलों के संबंध में कम्युनिस्टों की स्थिति

La section II a mis en évidence les relations des communistes avec les partis ouvriers existants

खंड 2 मौजूदा मजदूर वर्ग पार्टियों के लिए कम्युनिस्टों के संबंधों को स्पष्ट कर दिया है

comme les chartistes en Angleterre et les réformateurs agraires en Amérique

जैसे इंग्लैंड में चार्टिस्ट, और अमेरिका में कृषि सुधारक

Les communistes luttent pour la réalisation des objectifs immédiats

कम्युनिस्ट तात्कालिक उद्देश्यों की प्राप्ति के लिए लड़ते हैं

Ils luttent pour l'application des intérêts momentanés de la classe ouvrière

वे मजदूर वर्ग के क्षणिक हितों के प्रवर्तन के लिए लड़ते हैं

Mais dans le mouvement politique d'aujourd'hui, ils représentent et s'occupent aussi de l'avenir de ce mouvement

लेकिन वर्तमान के राजनीतिक आंदोलन में, वे उस आंदोलन के भविष्य का भी प्रतिनिधित्व करते हैं और देखभाल करते हैं

En France, les communistes s'allient avec les social-démocrates

फ्रांस में कम्युनिस्टों ने सामाजिक-जनवादियों के साथ गठबंधन किया

et ils se positionnent contre la bourgeoisie conservatrice et radicale

और वे खुद को रूढ़िवादी और कट्टरपंथी पूंजीपति वर्ग के खिलाफ स्थिति

cependant, ils se réservent le droit d'adopter une position critique à l'égard des phrases et des illusions traditionnellement héritées de la grande Révolution

हालांकि, वे पारंपरिक रूप से महान क्रांति से सौंपे गए वाक्यांशों और भ्रमों के संबंध में एक महत्वपूर्ण स्थिति लेने का अधिकार सुरक्षित रखते हैं

En Suisse, ils soutiennent les radicaux, sans perdre de vue que ce parti est composé d'éléments antagonistes

स्विट्जरलैंड में वे रेडिकल का समर्थन करते हैं, इस तथ्य को खोए बिना कि इस पार्टी में विरोधी तत्व शामिल हैं

en partie des socialistes démocrates, au sens français du terme, en partie de la bourgeoisie radicale

आंशिक रूप से डेमोक्रेटिक सोशलिस्ट, फ्रांसीसी अर्थ में, आंशिक रूप से कट्टरपंथी पूंजीपति वर्ग के

En Pologne, ils soutiennent le parti qui insiste sur la révolution agraire comme condition première de l'émancipation nationale

पोलैंड में वे उस पार्टी का समर्थन करते हैं जो राष्ट्रीय मुक्ति के लिए प्रमुख शर्त के रूप में कृषि क्रांति पर जोर देती है

ce parti qui fomenta l'insurrection de Cracovie en 1846

वह पार्टी जिसने 1846 में क्राको के विद्रोह को भड़काया

En Allemagne, ils luttent avec la bourgeoisie chaque fois qu'elle agit de manière révolutionnaire

जर्मनी में वे पूंजीपति वर्ग के साथ लड़ते हैं जब भी वह क्रांतिकारी तरीके से काम करता है

contre la monarchie absolue, l'escroc féodal et la petite bourgeoisie

पूर्ण राजशाही, सामंती गिलहरी और क्षुद्र पूंजीपति वर्ग के खिलाफ

Mais ils ne cessent jamais, un seul instant, inculquer à la classe ouvrière une idée particulière

लेकिन वे मजदूर वर्ग में एक विशेष विचार पैदा करने के लिए एक पल के लिए भी बंद नहीं होते हैं

la reconnaissance la plus claire possible de l'antagonisme hostile entre la bourgeoisie et le prolétariat

पूंजीपति वर्ग और सर्वहारा वर्ग के बीच शत्रुतापूर्ण विरोध की स्पष्ट संभव मान्यता

afin que les ouvriers allemands puissent immédiatement utiliser les armes dont ils disposent

ताकि जर्मन मजदूर सीधे अपने निपटान में हथियारों का उपयोग कर सकें

les conditions sociales et politiques que la bourgeoisie doit nécessairement introduire en même temps que sa suprématie

सामाजिक और राजनीतिक परिस्थितियों है कि पूंजीपति वर्ग आवश्यक रूप से अपने वर्चस्व के साथ परिचय देना चाहिए

la chute des classes réactionnaires en Allemagne est
inévitable
जर्मनी में प्रतिक्रियावादी वर्गों का पतन अवश्यंभावी है
et alors la lutte contre la bourgeoisie elle-même peut
commencer immédiatement
और फिर पूंजीपति वर्ग के खिलाफ लड़ाई तुरंत शुरू हो सकती है
Les communistes tournent leur attention principalement
vers l'Allemagne, parce que ce pays est à la veille d'une
révolution bourgeoise
कम्युनिस्ट मुख्य रूप से जर्मनी पर अपना ध्यान केंद्रित करते हैं, क्योंकि वह
देश बुर्जुआ क्रांति की पूर्व संध्या पर है
une révolution qui ne manquera pas de s'accomplir dans des
conditions plus avancées de la civilisation européenne
एक क्रांति जो यूरोपीय सभ्यता की अधिक उन्नत परिस्थितियों में की जाने के
लिए बाध्य है
Et elle ne manquera pas de se faire avec un prolétariat
beaucoup plus développé
और यह एक बहुत अधिक विकसित सर्वहारा वर्ग के साथ किया जाना तय है
un prolétariat plus avancé que celui de l'Angleterre au XVIIe
siècle, et celui de la France au XVIIIe siècle
सत्रहवीं शताब्दी में इंग्लैंड और अठारहवीं शताब्दी में फ्रांस की तुलना में
अधिक उन्नत सर्वहारा वर्ग था
et parce que la révolution bourgeoise en Allemagne ne sera
que le prélude d'une révolution prolétarienne qui suivra
immédiatement
और क्योंकि जर्मनी में बुर्जुआ क्रांति सर्वहारा क्रांति के तुरंत बाद की
प्रस्तावना होगी
Bref, partout les communistes soutiennent tout mouvement
révolutionnaire contre l'ordre social et politique existant
संक्षेप में, कम्युनिस्ट हर जगह चीजों की मौजूदा सामाजिक और राजनीतिक
व्यवस्था के खिलाफ हर क्रांतिकारी आंदोलन का समर्थन करते हैं
Dans tous ces mouvements, ils mettent au premier plan,
comme la question maîtresse de chacun d'eux, la question de
la propriété
इन सभी आंदोलनों में वे सामने लाते हैं, प्रत्येक में प्रमुख प्रश्न के रूप में,
संपत्ति प्रश्न

quel que soit son degré de développement dans ce pays à ce
moment-là

कोई फर्क नहीं पड़ता कि उस समय उस देश में विकास की डिग्री क्या है

Enfin, ils œuvrent partout pour l'union et l'accord des partis
démocratiques de tous les pays

अंत में, वे सभी देशों के लोकतांत्रिक दलों के संघ और समझौते के लिए हर
जगह श्रम करते हैं

Les communistes dédaignent de dissimuler leurs vues et
leurs objectifs

कम्युनिस्ट अपने विचारों और उद्देश्यों को छिपाने के लिए तिरस्कार करते हैं

Ils déclarent ouvertement que leurs fins ne peuvent être
atteintes que par le renversement par la force de toutes les
conditions sociales existantes

वे खुले तौर पर घोषणा करते हैं कि उनके सिरों को सभी मौजूदा सामाजिक
स्थितियों को जबरन उखाड़ फेंकने से ही प्राप्त किया जा सकता है

Que les classes dirigeantes tremblent devant une révolution
communiste

शासक वर्गों को साम्यवादी क्रांति पर कांपने दो

Les prolétaires n'ont rien d'autre à perdre que leurs chaînes

सर्वहारा वर्ग के पास अपनी जंजीरों के अलावा खोने के लिए कुछ भी नहीं है

Ils ont un monde à gagner

उनके पास जीतने के लिए एक दुनिया है

TRAVAILLEURS DE TOUS LES PAYS, UNISSEZ-VOUS !

सभी देशों के मेहनतकश पुरुषों, एकजुट!

www.ingramcontent.com/pod-product-compliance
Lightning Source LLC
Chambersburg PA
CBHW011742020426
42333CB00024B/3003